7106 710

Geoffrey Chaucer

dargestellt von Wolfgang Riehle

Rowohlt

rowohlts monographien begründet von Kurt Kusenberg herausgegeben von Wolfgang Müller

Redaktionsassistenz: Katrin Finkemeier
Umschlaggestaltung: Walter Hellmann
Vorderseite: Geoffrey Chaucer. In: Thomas Hoccleve:
„De Regimine Principum", 1411/12. MS Harley 4866 f. 88
(By permission of The British Library, London)
Rückseite: Die Frau aus Bath.
Aus der Ellesmere-Handschrift, 1400–1410
(By permission of The Huntington Library,
San Marino/Cal.)
Frontispiz: Geoffrey Chaucer. Gemälde eines
unbekannten Künstlers. Frühes 15. Jahrhundert.
National Portrait Gallery, London

Originalausgabe
Veröffentlicht im Rowohlt Taschenbuch Verlag GmbH
Reinbek bei Hamburg, November 1994
Copyright © 1994 by Rowohlt Taschenbuch Verlag GmbH,
Reinbek bei Hamburg
Alle Rechte an dieser Ausgabe vorbehalten
Satz Times PostScript Linotype Library, Quark XPress 3.2
Jung Satzcentrum GmbH, Lahnau
Gesamtherstellung Clausen & Bosse, Leck
Printed in Germany
1290-ISBN 3 499 50422 7

Inhalt

Vom Bürger zum Hofbeamten
Eine Karriere in stürmischer Zeit 7

Traum und Wirklichkeit
Dichterische Anfänge und Reisen auf dem Kontinent 20

«Das Parlament der Vögel» 28

Ein Adler macht's möglich
Der Dichter im Haus der Fama 33

Caecilia in zweierlei Gestalt 41

«Troilus und Criseyde»
Ein exemplarischer Verrat an der Liebe 45

Triumph der Liebe 47   Der Schicksalsumschwung 53

Chaucer und die «guten Frauen» 56

Die Welt der «Canterbury Tales» 65

Der Allgemeine Prolog 69   Scherz, Satire, Ironie ... 73
Chaucers Erzählkunst 78   Des einen Freud, des andern – Tod 81
Der mißglückte Kuß 83   Die Frau aus Bath und ihre Männer 87
Weitere Geschichten um die Ehe 92   Des Ablaßhändlers dämonischer Auftritt 94
Sex als Zahlungsmittel 97   Die Prioritäten der Priorin 100
Der Pilger Chaucer erhält das Wort 102   Von Alchimisten und neuen Listen 104
Der Traum des fabel-haften Hahns 108
Der Reise Ziel und Ende 115   Die Sonne sinkt 118

Anmerkungen 125
Zeittafel 132
Zeugnisse 134
Bibliographie 136
Namenregister 151
Über den Autor 153
Quellennachweis der Abbildungen 154

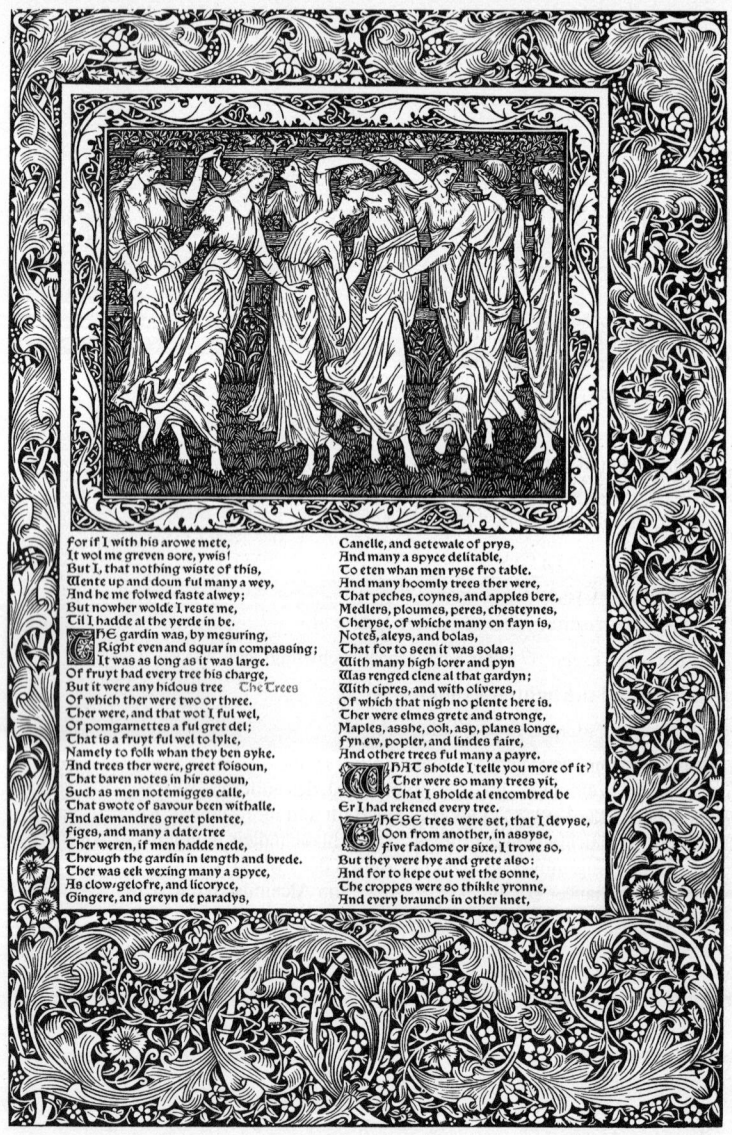

Seite aus dem «Kelmscott Chaucer» von William Morris unter Verwendung einer Bildvorlage von Edward Burne-Jones, 1896

Vom Bürger zum Hofbeamten
Eine Karriere in stürmischer Zeit

Geoffrey Chaucer, einer der größten englischen Dichter, ist im deutschen Sprachraum durch seine mehrfach übersetzten *Canterbury Tales* bekannt geworden. In England ist freilich Chaucers Gesamtwerk durch die Jahrhunderte hindurch lebendig geblieben. Schon bald nach seinem Tode nannte man ihn den «ersten Begründer»[1] der englischen Sprache; Künstler wie William Blake und Edward Burne-Jones schufen Chaucer-Illustrationen, und in unseren Tagen lieferten die *Canterbury Tales* sogar den Stoff für ein Musical gleichen Namens und für einen Pasolini-Film. Am intensivsten hat sich Shakespeare mit Chaucer auseinandergesetzt.[2] Der später Geborene muß gespürt haben, daß beide manches Gemeinsame verbindet, auch wenn Chaucer nicht Dramatiker, sondern epischer und novellistischer Erzähler ist: Wie Shakespeare verfügt auch Chaucer über die große Kunst des Sichhineinversetzens in die verschiedensten Charaktere und Situationen, die er höchst lebendig und in dramatischer Gegenwärtigkeit schildert. Mit seinem stets wachen Interesse an der Vielfalt des Menschlichen bietet Chaucer ebenfalls eine einzigartige Möglichkeit, die Welt des Spätmittelalters kennenzulernen. Andererseits ist er ein Dichter, der bereits in eine neue Zeit vorausweist, in der das Individuum einen eigenen Selbstwert erhält, den es im Bereich der mittelalterlichen Kultur noch nicht besaß, und wir spüren bei ihm schon etwas vom Geist des Humanismus der Renaissance.

Zunächst aber ist Chaucer ein Kind des 14. Jahrhunderts, einer Zeit, die seit ein paar Jahrzehnten wieder ein breites Interesse gefunden hat. Barbara Tuchman hat sie sehr treffend das «dramatische Jahrhundert»[3] genannt, wird sie doch durch Erschütterungen und Spannungen vielfältiger Art bestimmt. Die alte Feudalstruktur mit Lehensherren und Leibeigenen zeigte zunehmend Auflösungserscheinungen. Ein selbstbewußtes kaufmännisches Bürgertum etablierte sich, speziell in der Stadt London. Zwar hatte sich London noch nicht so weit entwickelt wie andere große Städte auf dem Kontinent, etwa Mailand, Florenz oder Paris – es zählte 1377 erst 40 000 Einwohner. Doch durch einen florierenden Wollhandel mit den Niederlanden und der Toskana sowie durch die Erzeugung von Textilprodukten entfaltete sich ein Kleinunternehmertum, in dem man

Forestier: London zur Zeit von Chaucers Tod. Historisierende Darstellung.
Museum of London

bereits Vorformen kapitalistischer Geldwirtschaft erkennen kann. Geld
und Besitz erlangten den denkbar größten Stellenwert. Der Londoner
Hafen hatte eine bedeutende Funktion, denn von hier wurde die Rohwolle aus England exportiert, und hier war der Umschlagplatz u. a. für
Woll-, Baumwoll-, Seiden- und Leinenprodukte aus Flandern und Weine
aus Frankreich.

Als daher Frankreich sich anschickte, den flandrischen Markt für sich
zu gewinnen, war dies für König Edward III. ein Grund, freilich nicht der
einzige, die kriegerische Auseinandersetzung mit Frankreich zu beginnen und den Anspruch auf die französische Krone zu erheben, womit der
sogenannte Hundertjährige Krieg begann. Nach verschiedenen militäri-
schen Aktionen erringt Edward 1346 einen großen Sieg bei Crécy über
das überlegene französische Heer, und ein Jahr später gelingt ihm auch
die Eroberung von Calais mit seinem bedeutenden Hafen. Im Zuge dieser Auseinandersetzungen entwickelt sich auch ein englisches Nationalbewußtsein. Doch bald nach diesen Erfolgen brach 1348 eine Katastrophe über England herein: die Beulenpest, die bereits auf dem Kontinent
zu wüten begonnen hatte. Der Schwarze Tod raffte innerhalb von zwei
Jahren ein Drittel der Bevölkerung hin und löschte viele Ortschaften aus.
Die Epidemie brach zu einem Zeitpunkt aus, als die wirtschaftliche Entwicklung einen schweren Rückschlag durch katastrophale Mißernten er-

litten hatte, die zu einer Verarmung der Bauern führten. Eine Landflucht war die Folge.

Der anfangs so populäre Edward III. verlor relativ früh an politischer Macht, er geriet zunehmend unter den Einfluß seiner Mätresse Alice Perrers und überließ die Politik den Magnaten. Nach ihm kam sein zweiter Sohn John of Gaunt (Johann von Gent) an die Macht, ohne allerdings die Krone anzustreben. Er betrieb die Krönung Richards II. im Interesse einer Befriedung des Landes. Der bereits im zarten Alter von zehn Jahren gekrönte Richard gab Anlaß zu neuer Hoffnung. Doch nur vier Jahre nach seinem Regierungsantritt wurde er in die größte soziale Krise, die das mittelalterliche England erschütterte, hineingezogen. Der Krieg mit Frankreich, erneute Pestwellen, wirtschaftliche Umwälzungen, drastisch erhöhte Abgaben der Bauern und schließlich eine Kopfsteuer verschärften die Situation für die Minderbemittelten ins Unerträgliche. Die Kopfsteuer, die zur Finanzierung des Krieges mit Frankreich beitragen sollte, mußte zwar vom Parlament genehmigt werden. Doch dieses gab die Zustimmung, weil es damit ein Druckmittel in der Hand hatte, um vom König das Recht zu fordern, alle Minister zu bestätigen und sie im Falle eines Vergehens zur Rechenschaft zu ziehen. Da die Kopfsteuer auch

Pieter Bruegel d. Ä.: Der Triumph des Todes, Ausschnitt. Um 1560. Prado, Madrid

Adam gräbt und Eva
spinnt. Aus einem
lateinischen Penta-
teuch. 14. Jahrhundert

von all jenen verlangt wurde, die bisher von Abgaben verschont geblieben waren, wuchs die ohnehin schon grassierende Armut. Nur zu be-
greiflich, daß sich heftiger Unmut gegen diese erste «poll tax» zu regen
begann.

Welche Stunde es geschlagen hatte, wie sehr die mittelalterliche
Sozialordnung in Zweifel gezogen wurde und wie man die biblische
Lehre von der Gleichheit der Menschen ernst zu nehmen begann, zeigt
die Tatsache, daß der radikal gesinnte Priester John Ball über den
bekannten Zweizeiler predigte: «Als Adam grub und Eva spann, wo
war denn da der Edelmann?» Der Unmut über die soziale Misere entlud
sich dann im gewaltsamen Bauernaufstand von 1381. Mordend und
Herrenhäuser zerstörend zogen die Bauern unter ihrem Anführer Wat
Tyler nach London. Der Aufstand konnte zwar durch den erstaunlichen
Mut des erst vierzehnjährigen Königs Richard II. niedergeschlagen werden, und Wat Tyler wurde beseitigt, aber die in eine neue Zeit weisenden
Umwandlungsprozesse waren nicht mehr aufzuhalten, hatten doch die
Bauern wichtige Forderungen wie die Abschaffung der Leibeigenschaft
durchgesetzt.

Soziale Unsicherheit, grassierende Gewinnsucht und eine Aushöhlung
tradierter Wertvorstellungen hatten eine vehemente Brutalisierung des
täglichen Lebens zur Folge, die auch auf einen Stand übergriff, der aus
dem Streben nach Veredelung des Menschen, nach kultivierter Gesit-

tung entstanden war: das Rittertum. Darunter hatten nicht zuletzt die Frauen zu leiden, denn von der einstigen Haltung des Ritters gegenüber der Dame blieb in der Realität nicht mehr viel übrig, an ihre Stelle trat eine verstärkte Frauenfeindlichkeit. Auch die feierliche Gründung des Hosenbandordens durch Edward III. nach dem Vorbild der arthurischen Ritter der Tafelrunde konnte letztlich keine Aufwertung des Rittertums mehr bewirken.

Recht folgenschwer waren auch Verweltlichungstendenzen in der Kirche. Das Schisma, das die Kirche spaltete, übte auf viele Gläubige eine sehr verunsichernde Wirkung aus. Es gab nichts im kirchlichen Bereich, was vor einem Mißbrauch zu weltlichen Zielen sicher gewesen wäre. Ämterhäufungen waren keine Seltenheit. Die Ideale des Mönchtums begannen sich aufzulösen, und unter den Bettelorden erlagen besonders die Franziskaner, die sich ja ursprünglich dem Leitbild freiwilliger Armut verpflichtet hatten, in zunehmendem Maße materiellen Verlockungen. Solche Mißstände veranlaßten einen John Wyclif zu seinen vorreformatorischen Bemühungen um die Erneuerung der Kirche. Doch zugleich begegnen wir in dieser an Gegensätzen so reichen Epoche auch einem

Der Bauernaufstand von 1381. Wat Tyler bedroht den Bürgermeister von London, der sein Schwert zieht. Aus den «Chroniques de France et d'Angleterre» von Jean Froissart. 1460–80

Bedürfnis nach gefühlstiefer Spiritualität, und es entstehen die großen Texte der englischen Mystik.

Chaucers Dichtung spiegelt einerseits die Komplexität und Vielfalt des zeitgenössischen Lebens, das er mit ebenso viel Komik und Ironie wie mit Anteil nehmendem Ernst beschreibt. Andererseits aber zielt sein Werk vor allem auf die umfassende Darstellung der menschlichen Grundbefindlichkeit mit all ihren Höhen und Tiefen. Um einer größtmöglichen Objektivierung willen tritt er dabei als Autor meist hinter seinem Werk zurück und macht sich sogar über sich selbst lustig. Um so mehr beginnen wir zu fragen: Wer war dieser Mann, der einen ebenso aufgeschlossenen wie kritischen Blick in die Welt besaß, der sich aber in seinen Werken als naiv, unerfahren und unansehnlich zu beschreiben liebte, der in seiner Wohnung über einem Londoner Stadttor hautnah erleben konnte, wie unter ihm der Aufstand der Bauern in höchst gefährlicher Weise tobte, und der später auch die Magnatenkämpfe um die Absetzung König Richards II. im Gegensatz zu manchem seiner Freunde überlebte, obwohl er doch in den Diensten ebendieses Königs stand?

Nun läßt sich freilich über einen mittelalterlichen Autor keine Biographie im modernen Sinne schreiben. Für autobiographische Aufzeichnungen oder gar Memoiren war das Interesse an der eigenen Person noch zu gering. Auch sind uns etwa im Gegensatz zu Cicero keine Briefe Chaucers überliefert; noch besitzen wir – anders als im Falle Vergils – kaum Zeugnisse von Zeitgenossen, die für uns Chaucers Persönlichkeit charakterisiert hätten. Meist rühmen sie die Einzigartigkeit seiner Dichtung und heben hervor, daß er sich an antiker Philosophie, Rhetorik und Dichtkunst geschult habe. Am Menschen Chaucer werden, wenn überhaupt, nur seine moralische Integrität und «Klugheit»[4] hervorgehoben. Wohl sind uns an die 500 Dokumente aus seinem Leben überliefert, eine für das Mittelalter erstaunlich große Zahl, aber diese beziehen sich vorwiegend auf seine höfische Laufbahn, verraten uns daher nur wenig über sein Wesen und geben zum Teil nur neue Rätsel auf. Um uns ein Bild von seiner Persönlichkeit zu machen, sehen wir uns daher auf behutsame Rückschlüsse aus seinem Werk, ja letztlich auf das Gesamtverständnis seiner Dichtung verwiesen, die darum ausführlicher als in einer Biographie üblich zu Wort kommen muß.

Nicht einmal das genaue Geburtsdatum ist uns bekannt.[5] Aus einer gelegentlichen Zeugenaussage Chaucers und anderen Dokumenten gewinnen wir lediglich einen ungefähren Anhaltspunkt – zwischen 1340 und 1343, wohl 1340. Als die große Pest über England hinwegfegte, befand er sich also noch im zarten Kindesalter; sein Überleben dürfte er dem Umstand verdankt haben, daß seine Familie vorübergehend nach dem entfernten Southampton gezogen war. Bis zu einer im Jahre 1876 gemachten Entdeckung wußte man auch nichts Genaues über Chaucers Her-

In der Schule. Aus einer mittelböhmischen Handschrift. 15. Jahrhundert

kunft. In dem damals gefundenen Dokument bezeichnet er sich als Sohn des Londoner Weinhändlers John Chaucer. Die Chaucers waren ein Geschlecht anglonormannischer Abstammung – ihr Name deutet auf den Schuhmacherberuf – und hatten es in London zu Wohlstand und gesellschaftlichem Ansehen gebracht, repräsentierten sie doch das aufstrebende Bürgertum Londons.

Bei der Frage nach Chaucers Schulbildung sind wir wieder auf Vermutungen angewiesen. Es spricht vieles dafür, daß ihn die Eltern in seinem siebten oder achten Lebensjahr in die am nächsten gelegene Kathedral-Schule von St. Paul's schickten, wo er erste Kenntnisse in Arithmetik, Grammatik und Latein erworben haben dürfte. Sehr wahrscheinlich beruht seine genaue Schilderung des schulischen Alltags in der Erzählung der Priorin in den *Canterbury Tales* auf eigener Erfahrung. Sie berichtet von einem siebenjährigen Schüler, der seine Lateinkenntnisse zunächst dadurch erhält, daß er ein Marienlied auswendig lernt und dann einen älteren Mitschüler bittet, ihm den Inhalt zu erklären, was dieser dann auch recht und schlecht tut. Einen Bezug zu Chaucers Kindheit

13

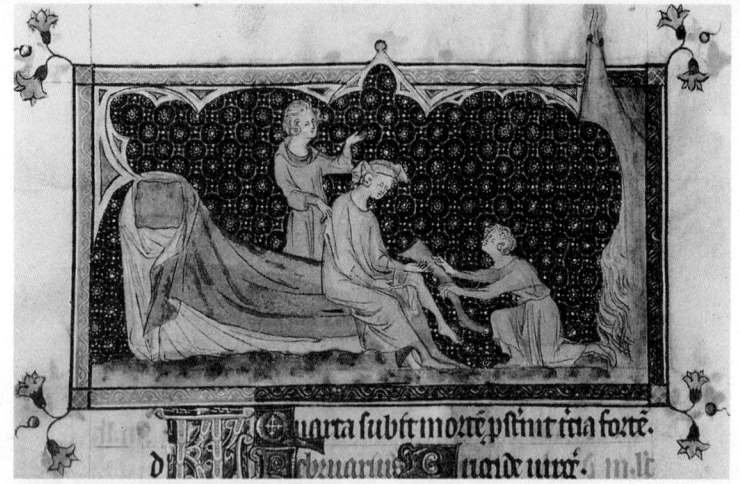

Ein Knappe hilft einem Ritter beim Ankleiden.
Aus dem «Queen Mary Psalter». Frühes 14. Jahrhundert

möchte man ebenfalls heraushören, wenn die Erzählerin den Jungen als lernbegierig bezeichnet: *Gute Kinder lassen leicht sich lehren;*[6] denn die Annahme liegt nahe, daß sich Chaucers umfassende Neugier, die er als reifer Mann selbst bei sich konstatiert *(Mein geschäftiger Geist, der stets nach Neuem dürstet*[7]*),* schon in der Kindheit bemerkbar machte. In der benachbarten Grammar School mag Chaucer wohl anschließend in die freien Künste, das Trivium und das Quadrivium, aber auch in die Welt der antiken Literatur eingeführt worden sein. Bezeugt ist uns jedenfalls,

Erwähnung Chaucers in den Ulster-Haushaltsbüchern am Beginn der dritten Zeile von unten

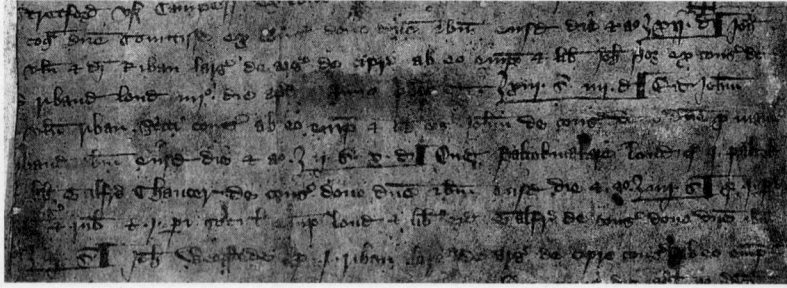

daß dort als Lehrer ein gewisser William Ravenstone wirkte, der bereits von dem neuen humanistischen Interesse an antiker Literatur erfaßt war und über eine beachtliche Bibliothek verfügte. Von ihm kann Chaucer schon in jungen Jahren zum Erwerb einer umfassenden literarischen Bildung angeregt worden sein.

Für einen Jungen aus bürgerlichem Stand, der Karriere machen sollte, war es äußerst vorteilhaft, eine Ausbildung in Hofkreisen zu erhalten. Wir verdanken einem Zufallsfund die Nachricht, daß «Galfrido Chaucer» zusammen mit «Philippa Pan» im Haushalt der Gräfin von Ulster, der Gattin des Prinzen Lionel, eines Sohnes Edwards III., als Page beschäftigt war. Schon früh hat somit der Bürger Chaucer die Werte und Ideale der Hofkultur, insbesondere ihre Literatur, kennengelernt. Er wurde bereits in jungen Jahren mit höfischer Hierarchie und ihrem Zeremoniell vertraut, er lernte die Jagd, das Turnier, die großen Feste, Tischsitten, Musik, höfische Konversation ebenso wie die Usancen der höfischen Liebe, aber auch den Krieg kennen. Im Prolog zu seinen *Canterbury Tales* zeichnet Chaucer das Porträt eines zwanzigjährigen lebenslustigen Knappen, der nicht nur vorzüglich reiten und turnieren konnte, sondern sich auch darauf verstand, Lieder zu dichten und zu komponieren, zu tanzen und zu zeichnen. Dieses Porträt ist sicher nicht ohne Reminiszenzen an seine eigene Jugend entstanden, doch

Prinz Lionel. Trauerfigur am Grab Edwards III. Westminster Abbey, London. Um 1377/80

ist es kein eigentliches Selbstporträt, da dieser Knappe im Gegensatz zu Chaucer der Sohn eines Ritters und daher adeliger Herkunft ist. Ganz besonders war dieser junge Mann der Liebe zugetan, denn wir lesen über ihn: *So heiß war seine Liebe, daß die Nacht/Er gleich den Nachtigallen oft durchwacht.*[8] In seiner Dichtung liebt es Chaucer zwar, die Pose des in Liebesdingen Unerfahrenen anzunehmen; aus seiner Biographie wie aus seinem Werk geht aber hervor, daß er sich keinem Erfahrungsbereich verschlossen und auch seinen Teil an Lust und Leid der Liebe erlebt hat.

Es paßt in das Bild des aufstrebenden Bürgers, daß er im Jahre 1366 die adelige Philippa Paon de Roet, wohl die Tochter eines gleichnamigen französischen Herolds, heiratet. Sie ist wahrscheinlich dieselbe Philippa Pan, die mit ihm bereits am Hof der Gräfin von Ulster gedient hatte und die nun im Dienst der Königin Philippa stand; er festigt damit seine Verbindungen zum Adel, obwohl seine Philippa als Ausländerin am englischen Hof keinen besonderen Rang beanspruchen konnte. Zugleich entwickelt er ein persönliches Verhältnis zu einer der interessantesten Figuren seiner Zeit: Johann von Gent (John of Gaunt), dem dritten Sohn Edwards III. und Vater des späteren Königs Heinrich IV. Diese Beziehung sollte sich bald durch zwei Ereignisse enger gestalten. Nach dem frühen Tod seiner Gattin Blanche machte Johann von Gent Katherine Swynford, die Schwester Philippas, zu seiner Geliebten. Er hielt dieses Verhältnis auch öffentlich aufrecht, als er sich aus machtpolitischen Interessen mit Costanza von Kastilien wiederverheiratet hatte. Bei dieser zweiten Frau des Johann von Gent versah dann Chaucers Philippa nach dem Tod der Königin den Dienst einer Hofdame.

Im Jahre 1366 entschließt sich Chaucer zum entscheidenden Schritt seines Lebens: Er tritt in den königlichen Haushalt ein und wird später königlicher «Beamter» für besondere – und man muß hinzufügen: schwierige – Aufgaben. Zuvor hatte er wohl die Londoner Rechtsschulen (Inns of Court) besucht, denn dort konnte er die für einen Hofbeamten nötigen juristischen und administrativen Kenntnisse erwerben. Aufgrund seiner Tätigkeit bei Hofe rückte er in den Rang eines Junkers (esquire) auf und galt zugleich als Edelmann, ohne daß er eine bisher unerläßliche Voraussetzung – den Treueid gegenüber dem König – hätte ableisten müssen. Er hatte damit eine Position inne, die bereits postfeudale Verhältnisse vorwegnimmt.[9] Seine Tätigkeit am Hof war für ihn indes die entscheidende Voraussetzung für sein Wirken als Dichter. Die Förderungen, die ihm durch den Hof zuteil wurden, hatte er jedoch nicht so sehr seiner Dichtung als seinen beruflichen Leistungen zu verdanken.[10] Da er bürgerlicher Abkunft war, konnte seine neue Position freilich auch gewisse Probleme mit sich bringen. Er war gezwungen, sich wenigstens bis zu einem gewissen Grade mit der Königspartei zu solidarisieren. Dennoch wird man ihm wegen seiner bürgerlichen Herkunft nicht selten mit einer

Die Hochzeit Edwards III. mit Philippa von Hainault.
Miniatur aus dem 14. Jahrhundert

deutlichen Reserviertheit begegnet sein. Mit dieser nicht unkomplizier-
ten Position hängt sicher auch jene Selbstironisierung zusammen, die wir
durchwegs in seinem Werk verfolgen können, wenn er auf seine Person
zu sprechen kommt. Daß er durch soziale Herkunft und beruflichen
Werdegang gleichermaßen mit Bürgertum u n d Hof verbunden war,
daß er soziale Kontakte zu maßgeblichen Persönlichkeiten in beiden
Bereichen unterhielt, ist der tiefere Grund für jene einmalige realitäts-

17

Der junge Richard II. hält hof. Aus den «Chroniques d'Angleterre»
von Jean de Wavrin. Spätes 15. Jahrhundert

bezogene Welthaltigkeit, die wir an seinem Werk so sehr bewundern.[11]
So ist denn auch sein Publikum nicht nur in Hofkreisen zu suchen; ohne
Zweifel schrieb er zugleich in zunehmendem Maße, vor allem nach der
Rückkehr von seiner großen Italienreise, auch für einen Kreis von Le-
sern aus seinem eigenen, bürgerlichen Stand.

Die englische Hofkultur des Spätmittelalters war im wesentlichen von
Edward III. geprägt worden, sein Nachfolger Richard II. verfeinerte sie.
Der Großteil höfischer Literatur war noch vor allem in französischer
Sprache verfaßt. Mit diesen Hauptwerken französischer Hofkultur und
darüber hinaus mit der großen literarischen Tradition konnte sich Chau-
cer nun vertraut machen. Es kam ihm zugute, daß er in seiner frühen
Jugend das Französische als zweite Sprache erlernt hatte. Nachhaltig
beeinflußte ihn der «Rosenroman», und im Hinblick auf diesen Text traf

er – wohl am Beginn seiner dichterischen Laufbahn – eine bedeutende, ja programmatische Entscheidung: Er übersetzte dieses von Guillaume de Lorris stammende mittelalterliche «Kultbuch» und einen Teil der Fortsetzung von Jean de Meun ins Englische. Für alle seine eigenen überlieferten Werke behielt er dann ebenfalls die englische Sprache bei. Man hat die Vermutung geäußert, die Entscheidung für die Sprache des eigenen Volkes hänge mit seinem bürgerlichen Realitätssinn zusammen. Sicher ist die Wahl des Englischen jedenfalls in Verbindung zu bringen mit dem gerade im 14. Jahrhundert aufkeimenden Nationalbewußtsein.[12] Mit seinem Dichter-Kollegen John Gower war sich Chaucer darin einig, als sprachliches Medium «unser Englisch» «England zuliebe»[13] vorzuziehen. Und Chaucer hat mit seiner Dichtung, die viele Wörter und Begriffe aus dem Französischen integrierte, einen Beitrag zur Entstehung einer englischen «Nationalsprache» geleistet.

Den Bürger in sich hat Chaucer nie verleugnet, obwohl er wesentlich von der Hofkultur geprägt wurde. Im Gegensatz zu Italien hatte sich nämlich in England noch keine eigene bürgerliche Kultur entwickelt. Doch Ansätze zu einer Verbürgerlichung zeigen sich gerade in faszinierender Weise im Werk Chaucers, wo etwa die Frau aus Bath in ihrer Erzählung darauf insistiert, daß der Adel eines Menschen nicht durch die Geburt, sondern durch ein entsprechendes Leben bestimmt werde.[14] Sie wird mit ihrem Auftritt für einen großen Höhepunkt in den *Canterbury Tales* sorgen.

Traum und Wirklichkeit
Dichterische Anfänge und Reisen auf dem Kontinent

Chaucers wahrscheinlich frühestes Werk ist ein gefühlsinniges Gedicht auf Maria. Einer Überlieferung zufolge hat er es nach einer französischen Vorlage für Blanche, die Gattin Johanns von Gent, geschrieben. Als diese im Jahre 1368 stirbt, sieht er sich vor die Aufgabe gestellt, für den vom Tod seiner Frau schwer Getroffenen ein Trostgedicht zu verfassen. Der Autor bürgerlicher Herkunft ist aufgerufen, ein Gedicht über das private Leid eines Königssohnes zu verfassen – wie löst Chaucer dieses höchst delikate Problem? In seinem *Buch der Herzogin* greift er zuerst zu einem Text aus der Antike, den von ihm so geliebten «Metamorphosen» Ovids, und orientiert sich dann an der zeitgenössischen Hofdichtung Frankreichs, vor allem am Werk eines Guillaume de Machaut, aber auch an jenem des Jean Froissart, der bis 1369 als Chronist am englischen

Eine Hirschjagd. Französische Elfenbein-schnitzerei. 14. Jahrhundert. Sammlung Wallerstein-Oettingen, Maihingen

Königshof weilte. Allerdings ist es Chaucers Absicht, das bloß Konventionelle der Dichtung individuell zu verwandeln und durch eine persönliche Unmittelbarkeit zu ersetzen.[15] Ein für Chaucer sehr bezeichnender Kontrast zwischen ernster Tragik und befreiender Komik wird zu einer Einheit verbunden durch die im Mittelalter beliebte Fiktion eines Traumes, den der Erzähler erlebt. Doch dieser Traum ist nicht mehr nur eine beliebte Konvention; er erfüllt vielmehr die Funktion, der Dichtung psychologische Glaubwürdigkeit zu verleihen. Der Erzähler, der in melancholischer Gestimmtheit eingeschlafen war, sieht sich alsbald in eine herrliche Frühlingslandschaft versetzt, in der sich Dinge in unlogischer Folge ereignen. Er wird plötzlich Zeuge einer Hirschjagd. Auf einmal heftet sich seine Aufmerksamkeit auf einen schwarzgekleideten, in Trauer erstarrten Ritter, hinter dem sich Johann von Gent, der eigentliche Adressat der Dichtung, verbirgt.

Das verblüffend Neue und Berührende an dieser Dichtung ist die Leichtigkeit, mit der es dem Erzähler gelingt, den Ritter zum Sprechen zu bringen und dadurch seinen Kummer zu erleichtern: *Guter Herr, erzählt mir genau/Auf welche Weise, wie, warum und weshalb/Ihr so Euer Glück verloren habt./«Gern», sprach er. «Kommt, setzt Euch hier. Ich erzähle es dir, doch nur,/wenn du mit ganzer Aufmerksamkeit zuhörst.»*[16]

Obwohl der Erzähler aus der belauschten Totenklage des Ritters bereits weiß, daß der Tod seiner Gattin der Grund für seine Trauer ist, versteht er seine Mitteilung, er habe die Dame verloren, absichtlich falsch;

Johann von Gent. Aus einem Stifterverzeichnis der St Albans Abbey. Um 1380

er gibt vor zu glauben, sie sei ihm untreu geworden. Der Ritter entwirft mit innerer Ergriffenheit ein Idealbild seiner Dame mit Namen *White*[17] (= «Blanche») in einer an der höfischen Dichtung geschulten Sprache. Höchst erstaunlich, daß Chaucer als mittelalterlicher Dichter den Dialog mit dem trauernden Ritter abrupt beendet, als dieser das unabänderliche Faktum: *Sie ist tot*[18] ausspricht; denn jede Erinnerung an die christlichen Trostgründe, jeder Gedanke an die Hoffnung auf ein Leben nach dem Tode, wird bewußt ausgespart. Statt dessen begnügt sich der Erzähler damit, die Größe des menschlichen Leids als Tatsache zu benennen und an die Stelle leerer Trostworte das fast stumme menschliche Mitgefühl, die Bereitschaft zum Mit-Leiden des zuhörenden Erzählers mit dem Ritter zu setzen. Der einzige Trost liegt für den Ritter nur mehr in der Vergegenwärtigung vergangenen Glücks, und dazu hat ihm der Erzähler als zuhörender Partner verholfen. Die Art, wie Chaucer Vorbilder französischer Hofdichtung hinter sich läßt und einen eigenen «natürlichen» und zum Teil bereits «dramatischen» Stil entwickelt, wie er sich auf das Leben im Diesseits beschränkt und über einen persönlichen Anlaß hinaus Allgemeingültigkeit anstrebt, weist bereits auf seine großen Dichtungen voraus. Mit dem *Buch der Herzogin* hat Chaucer somit eine sehr heikle Aufgabe bravourös, originell, aber auch mit menschlichem Takt und großem Einfühlungsvermögen gemeistert.

Diese Fähigkeit des Erzählers, mit einem Höchstmaß an Empathie den Partner ernst zu nehmen, muß Chaucer auch als Person besessen haben, was der Hof und vor allem der König selbst zu schätzen wußte. So überrascht es kaum, wenn wir in den überlieferten Dokumenten zu Chaucers Leben immer wieder davon hören, daß ihn der König auf eine besondere, meist diplomatische und zum Teil geheime Mission geschickt habe. Derartige Aufgaben führten ihn nicht weniger als ein dutzendmal übers Meer auf den Kontinent.[19]

Beispielsweise finden wir ihn 1370 wieder als Mitglied einer nach Frankreich reisenden Delegation, wobei es mit großer Wahrscheinlich-

22

keit um Friedensverhandlungen ging. Die Realität des immer wieder auflodernden Krieges, die er mehrfach hautnah erlebte, muß auf ihn nachhaltig gewirkt haben; bereits als Page hatte er im Gefolge des Prinzen Lionel 1359/60 einen Feldzug gegen Frankreich mitgemacht. Bei der Belagerung von Reims wurde er gefangengenommen und für einen deutlich geringeren Preis, als für den Rückkauf eines Pferdes gezahlt wurde, befreit. Auch Johann von Gent hat er auf seinem Feldzug gegen Frankreich begleitet. Er hatte also Gelegenheit, die Barbarei des Krieges aus eigenem Erleben kennenzulernen und sich darüber seine eigenen Gedanken zu machen; Spuren davon sind in seinen *Canterbury Tales* zu entdecken.

Unser besonderes Interesse verdienen indes Chaucers italienische Reisen, denn sie haben am intensivsten auf sein Werk gewirkt. Als 1368 Prinz Lionel die Tochter des Mailänder Tyrannen Galeazzo Visconti heiratete, bot ihm dieser Anlaß Gelegenheit zu einem ersten, zwar flüchtigen, aber doch die Neugier weckenden Einblick in die hochentwickelte Kultur Italiens. Gegen Ende des Jahres 1372 wurde er dann selbst mit zwei schwierigen Aufgaben nach Italien geschickt. Nachdem vor kurzem ein Handelsvertrag zwischen England und Genua geschlossen worden war, ging es zunächst darum, einen englischen Hafen für Genueser

Schlacht im Hundert-
jährigen Krieg. Aus den
«Chroniques de France et
d'Angleterre» von Jean
Froissart. 1460–80

Schiffe auszuhandeln. Die zweite Aufgabe, die ihn in geheimer Mission weiter nach Florenz führte, war vielleicht die heikelste seines Lebens. Sie erforderte sein ganzes Geschick im Umgang mit Menschen. Durch den Krieg mit Frankreich war Edward III. in finanzielle Schwierigkeiten geraten und mußte sich daher um einen internationalen Kredit bemühen. Die Situation wurde dadurch freilich sehr erschwert, daß England zu dieser Zeit nicht kreditwürdig war, da es eine frühere Anleihe nicht rechtzeitig zurückgezahlt hatte, was den Zusammenbruch zweier großer Florentiner Banken mitverursachte. Bei diesen problematischen Verhandlungen, insbesondere mit der Bank der Bardi, wird sich Chaucer den Umstand zunutze gemacht haben, daß die Bardi bereits privilegierte Handelsbeziehungen mit England unterhielten und daß die toskanische Tuchindustrie von englischer Rohwolle abhängig war.

Die Reise hatte Chaucer am 1. Dezember, zur ungünstigsten Jahreszeit, antreten müssen, begleitet von einer kleinen Gefolgschaft, in der sich u. a. auch zwei Genueser und ein paar Bogenschützen befanden.[20] Bis man Norditalien erreichte, dauerte es vier Wochen. Groß waren die Strapazen und Gefahren, die eine solche Reise mit sich brachte, wo schon die Frage, ob man am Abend eine Herberge oder ein Hospiz erreichte, über Leben oder Tod entscheiden konnte. Auch Kaiser Heinrich IV. mußte 1077 seinen berühmten Gang nach Canossa mitten im Winter antreten. Die ungeheuren Mühen, von denen uns ein Chronist berichtet, werden für Chaucer zwar bereits geringer gewesen sein, ein Wagnis war die Reise allemal.[21] Chaucers Route führte über Calais, Brügge, Aachen, Köln, Straßburg und Basel zum Genfer See. Hier hatte man die Wahl, die Alpen entweder über den Großen St. Bernhard oder den Mont Cenis zu überqueren. Nach der glücklichen Überwindung der Alpen muß die Ankunft in Norditalien für Chaucer überwältigend gewesen sein. Nicht minder stark wird auf ihn dann später die kulturelle Vielfalt der blühenden Stadt Florenz gewirkt haben. Von den großen Bankiers wird er die neuen künstlerischen Leistungen gezeigt bekommen haben. Er sah Or San Michele; er sah die Kirche Santa Croce mit der Bardi-Kapelle und den großen Fresken Giottos. Mit ihnen verbindet Chaucers Kunst eine deutliche Verwandtschaft: Der vielbewunderte «Realismus» in seinem Werk läßt sich vergleichen mit der «dreidimensionalen» Wirkung, die sich bei Giotto aus der Position des Menschen im Raum ergibt.[22] Beeindruckt und an das eigene Pesterlebnis erinnert hat ihn ohne Zweifel Andrea Orcagnas «Triumph des Todes». Und er wird sicher auch die einzigartigen Fresken eines Andrea di Bonaiuto in der Kapelle der Spanier von Santa Maria Novella betrachtet haben, die nur wenige Jahre zuvor vollendet worden waren und darum in ursprünglicher Frische leuchteten. Dies ist die Bilderwelt, in der Chaucer gedacht und gefühlt hat; in diesen Fresken sah er nicht nur ein Porträt des von ihm bewunderten Dante, sondern auch von Petrarca und Boccaccio, die er aber persönlich wohl nie kennengelernt hat.

Giotto: Tod des hl. Franziskus. Fresko, um 1315/20. Santa Croce (Bardi-Kapelle), Florenz

Andrea Orcagna: Triumph des Todes, Fragment eines Freskos, 1350/60. Santa Croce, Museum, Florenz

Florenz im späten 14. Jahrhundert. Ausschnitt aus dem Fresko «La Madonna della Misericordia». Loggia del Bigallo, Florenz

Chaucers Reise nach Florenz wurde für seine künstlerische Entwicklung so besonders bedeutsam, weil er hier mit den kulturellen Leistungen des italienischen Humanismus in unmittelbaren Kontakt treten konnte. Neue Tendenzen, die sich im heimischen London ebenfalls regten, hatten in Italien bereits große Errungenschaften vorzuweisen. Seine Kenntnisse italienischer Literatur konnte er nun entscheidend erweitern, vor allem, was die Werke Boccaccios betrifft. Ohne diesen Hintergrund ist seine schöpferische Leistung nicht voll zu ermessen. Die nachhaltigen italienischen Eindrücke wurden in späteren Jahren noch ergänzt, als ihn eine weitere politische Mission 1378 nach Mailand zu Bernabò Visconti führte. Zuvor beteiligte er sich an einer Delegation, die sich um einen Frieden mit Frankreich bemühte. In schwierigen, sich über Jahre hinziehenden Verhandlungen versuchte sie die Hochzeit Richards II. mit der französischen Prinzessin Marie zu arrangieren. Doch da starb Marie 1377 plötzlich, ihr Tod machte alle Pläne zunichte.

Im Jahr darauf trat das Ereignis des großen Schismas ein. Die Beziehungen zu Frankreich waren abgebrochen; England stand auf der Seite des römischen Papstes Urban VI. Eine päpstliche Kommission bemühte sich nun, Bernabò Visconti für den Plan einer Isolierung Frankreichs zu gewinnen. Da England ähnliche politische Interessen hatte, versuchte

Bonino da Campione: Bernabò Visconti. 1385. Castello Sforzesco, Mailand

eine von Chaucer geleitete Delegation, die Möglichkeit einer Heirat
Richards II. mit Bernabòs Tochter Caterina zu sondieren. Zwar erwies
sich dieser Plan als undurchführbar, aber Chaucer lernte dadurch immerhin Bernabò Visconti kennen. Als Geste großzügiger Gastfreundschaft
wird dieser ihm auch seine Bücherschätze gezeigt haben; denn er und
sein Neffe Galeazzo waren große Förderer der Künste und hatten um-

fangreiche Bibliotheken aufgebaut. Beeindruckt von diesen Leistungen, dürfte es Chaucer freilich noch verborgen geblieben sein, mit welch einem gewalttätigen, pathologisch grausamen und ausschweifenden Tyrannen er da verhandelte. Als Chaucer 1385 in England die Nachricht von der Ermordung Bernabòs durch Galeazzo vernahm, wurde ihm jedoch klar, wie sich das aus der Geschichte vielfach überlieferte Tyrannenschicksal in seiner eigenen Zeit wiederholte, und prompt setzte er diesem zeitgenössischen Ereignis ein Denkmal in den *Canterbury Tales*. Dort ergänzt nämlich der dichtende Mönch seine Tragödien aus Mythologie und Geschichte um eine kurze Biographie Bernabòs, den er als *Fluch der Lombardei*[23] bezeichnet.

Es ist faszinierend, welch intensiven Anteil Chaucer am öffentlichen und politischen Leben seiner Zeit genommen hat und wie er es zu beurteilen verstand. Hierin sah er seine bevorzugte Möglichkeit, zum Nutzen des Gemeinwohls zu wirken. Dichtung war nicht sein Hauptberuf, ihr konnte er sich nur in seiner freien Zeit widmen. Doch auch in seinem dichterischen Werk spiegelt sich sein «politisches» Interesse im weitesten Sinne, geht es ihm auch darin oft um gesellschaftliche Probleme und Konflikte.

Wie vor ihm Petrarca wendet sich auch Chaucer dem Humanisten Cicero zu und liest dessen «Traum Scipios», den Schluß seiner berühmten Schrift «Über den Staat», deren Hauptteil im Mittelalter unbekannt war. In diesem Traum erscheint Scipio Africanus seinem Freund Massinissa aus dem Jenseits und zeigt ihm inmitten der Größe des Universums die kleine, von den Sphären umgebene Erde. Er erklärt Massinissa, wer in den Himmel gelangen wolle, müsse, anstatt dem Genuß der Welt zu verfallen, zum Nutzen des Gemeinwohls[24] tätig sein.

«Das Parlament der Vögel»

Diesen klassischen staatsphilosophischen Text mit seiner stoischen Weltsicht und humanistischen Ethik benützt Chaucer als Ausgangsbasis für ein neues, besonders reizvolles und originelles Werk, *Das Parlament der Vögel,* das, wie überwiegend angenommen, um 1380 geschrieben wurde. Den richtigen Zugang zu diesem Werk findet man allerdings nur, wenn man nicht den neuzeitlichen Maßstab einer einheitlichen Struktur anlegt, sondern die Eigengesetzlichkeit, die «Alterität»[25] mittelalterlicher Literatur berücksichtigt. Chaucer spielt zunächst an auf Ciceros Schilderung der Harmonie des Kosmos und der Sphären, eine Harmonie, die letztlich in der himmlischen Liebe gründet. Was ihn im weiteren Verlauf der Dichtung jedoch interessiert, sind die Formen und sozialen Bedingungen der irdischen Liebe. Persönlich habe er mit ihr, wie er vorgibt, indes noch keine Erfahrungen gesammelt. Über der Lektüre von Ciceros Buch

Höfischer Liebesgarten. Aus einer französischen Handschrift des «Rosenromans».
Spätes 15. Jahrhundert

schläft der Erzähler des *Parlaments der Vögel* ein; er träumt, auch ihm erscheine Scipio und biete sich als Führer durch einen verlockenden Liebesgarten an. Am Eingang dieses Gartens steht ein Tor, das durch seine beiden kontrastierenden Überschriften an die Doppelnatur der Liebe, an ihre schöpferischen wie auch ihre destruktiven Qualitäten erinnert. Der Eintretende hat sich also des janusköpfigen Charakters der Liebe bewußt zu sein. Sobald er das Tor durchschritten hat, eröffnet sich dem Träumenden eine Landschaft voll sinnlicher Reize mit dem Venustempel und Priap als «Blickfang» im Inneren des Heiligtums. Natur und Kunst

29

vereinen sich zu einer Gesamtwirkung von verführerischer Schönheit. Noch nie zuvor sind in der englischen Literatur Wohlklänge in dichterischer Sprache wie im *Parlament der Vögel* gehört worden, noch nie auch wurden in England die Minnekonventionen so mit Leben erfüllt wie hier, wo Chaucer deutlich erkennbar durch die sinnliche Sprache Boccaccios angeregt wurde.[26]

Bezeichnend ist nun freilich, daß der Träumer den Liebestempel trotz seiner verführerischen Sinnlichkeit verläßt und sich der auf einem Thron sitzenden Göttin Natur zuwendet; denn mit dieser neuen Figur bezieht Chaucer die Gedankenwelt des Buches «De Planctu Naturae» («Von der Klage der Natur») des Alanus de Insulis in seine Dichtung ein. Es ist dies ein Hauptwerk des Humanismus des 12. Jahrhunderts, in dem bereits eine Synthese von Antike und christlicher Tradition versucht wird. Bei Alanus trägt die Natur ein u. a. mit Vögeln geschmücktes Kleid; bei Chaucer dagegen werden die Vögel lebendig: Sie versammeln sich zur Partnerwahl und scharen sich in dichtem Gedränge um die Göttin Natur am Valentinstag. Wir haben hier übrigens einen der frühesten Belege für den Brauch am Valentinstag, der offenbar in Hofkreisen als Spiel der Partnerwahl entstand und dann sich zu einem Bestandteil allgemeinen Brauchtums entwickelte.[27] Am Beispiel der Vögel wird nun dem Träumer die Liebe in ihrer das soziale Gefüge bestimmenden Funktion gezeigt. Dabei hat Chaucer die köstliche Idee, das Verhalten der Vögel in Analogie zum englischen Parlament zu schildern, dem er selbst später eine Zeitlang angehören wird. Und in diesem «politischen» Rahmen wird auch nach der Lösung eines durch die Liebe erzeugten Konflikts gesucht.

Drei Adlermännchen, darunter ein Königsadler, werben um ein und dasselbe vollendet schöne Weibchen, das die Göttin Natur wohlgefällig in ihrer Hand hält. Alle drei schwören ihm die gleiche unverbrüchliche Liebe und Treue, und es entsteht eine Situation, welche die Konvention mittelalterlicher Debatten, besonders der «demande d'amour», durchscheinen läßt. Die verschiedenen Vogelarten, die in hierarchischer Gliederung vertreten sind, nehmen nacheinander Stellung zur Werbung der rivalisierenden Adler. Die aristokratische und damit höfische Werbung wird also aus ganz verschiedenen Perspektiven kommentiert und bewertet. Chaucer genießt die Beschreibung, wie die «gemeinen» Vögel bald die Geduld bei diesem Ritual verlieren, wie sie einen enormen Lärm verbreiten und ganz unverblümt ihre Meinung zur komplizierten höfischen Minne, der «fine amour» kundtun. Gans, Kuckuck und Ente lassen sich mit ihrem *Gack, gack, kuck, kuck, queck, queck!*[28] vernehmen. Sie bringen den nicht von der Hand zu weisenden Einwand vor, niemand könne beurteilen, was sich hinter den pathetischen Liebesbeteuerungen jedes Adlermännchens verberge. Der Erzähler nimmt also auch den Standpunkt niederer Vögel durchaus ernst. Daraufhin greift die Natur ordnend ein und befiehlt, jede Vogelart solle einen Sprecher wählen. Wir erleben

Dame Nature als Königin stellt Guillaume de Machaut ihre Kinder Sens, Rhétorique und Musique vor. Um 1370

nun, wie die Wasservögel ihre Köpfe zusammenstecken und nach kurzer Beratung die Gans zur Sprecherin bestimmen, *die, was uns drückt, so gern wünscht darzulegen*[29] und die auch sogleich in aufgeblasenem Stolz auf ihren *Geist*[30] verweist. Sie gibt den simplen Rat, der Liebhaber, der bei seiner Angebeteten kein Gehör findet, solle sich kurzerhand eine andere nehmen. Über diese *Gänseweisheit*[31] brechen die höheren Vögel in helles Gelächter aus, bis sich mahnend die Turteltaube einschaltet: *Ein Liebender sollt' wechseln nie die Liebe!*[32] Die Ente jedoch greift das Argument der Gans auf, indem sie fragt: *Wir sollen lieben, wenn man uns nicht liebt?!/Steckt darin Geist, sind dieses Argumente?*[33] Daraufhin bekommt sie von einem Adler in schroffem Ton zu hören, ihr Urteil sei auf dem Mist gewachsen: *Du bist von so gemeinem Stamm und Sinne,/Daß du nicht einmal siehst und ahnst die Minne.*[34] Die niederen Vögel versteigen sich in der Tat zu einem Urteil über ein kulturelles Verhalten, für das ihnen jedes Verständnis fehlt und das weit über ihrem Niveau liegt. Wieder schaltet sich Dame Nature ein; sie rät nun dem Adlerweibchen, selbst die

31

Entscheidung zu treffen, nicht ohne freilich hinzuzufügen, die Vernunft spreche eigentlich dafür, den Königsadler zu wählen. Das Weibchen jedoch beharrt darauf, die Wahl unbeeinflußt vorzunehmen: Sie schiebt die Entscheidung um ein Jahr auf. Den Adlermännchen bleibt daher nichts anderes übrig, als unverrichteter Dinge davonzufliegen. Die realistisch genaue, mit Komik und Ironie durchsetzte Art, mit der Chaucer die einzelnen Vogelarten charakterisiert und dabei zugleich auf menschliche und insbesondere ständische Verhaltens- und Argumentationsweisen satirisch anspielt, sich aber dennoch eines wertenden Kommentars enthält, ist einzigartig. Das Urteil darüber, welche der verschiedenen Liebesauffassungen er sich zu eigen machen will, wird ganz dem Leser selbst überlassen, obwohl unausgesprochen die höfische Liebe den höchsten Rang einnimmt.

Damit erhält dieses Werk zugleich die Dimension eines «politischen» Textes im umfassenden Sinne eines möglichen Musters für ein geordnetes soziales Zusammenleben. Am Schluß der Dichtung rücken im übrigen gerade die niederen Vögel ins Zentrum, und ausgerechnet sie werden von der Natur mit einem Liebespartner bedacht und erleben die höchst zuträgliche Leichtigkeit des Seins. Ganz unreflektiert erfüllen sie damit aber auch die zu Beginn von Scipio geäußerte These, der Mensch sei zur Sorge um das Gemeinwohl verpflichtet; denn ihre Vereinigung in Liebe dient nicht zuerst dem selbstbezogenen Genuß der Lust, was in «Scipios Traum» abgelehnt wurde, sondern der eigenen Arterhaltung und damit auch dem Fortbestand des sozialen Gefüges. So durchwaltet die göttliche All-Liebe den Himmel wie die kleinsten Tiere, was Vergil in seinem Lehrgedicht «Georgica» bereits am Beispiel der Bienen gepriesen hatte. Mit einem großen Beispiel Chaucerscher Lyrik, einer Hymne der niederen Vögel auf die Ankunft des Sommers, endet das Werk:

Now welcome, somer, with thy sonne softe,
That hast thes wintres wedres overshake,
And driven away the longe nyghtes blake!
Saynt Valentyn, that art ful hy on-lofte,
Thus syngen smale foules for thy sake:
Now welcome, somer, with thy sonne softe,
That hast thes wintres wedres overshake...

Willkommen, Sommer, der des Winters Kälte
Durch seine warme Sonne ließ zerrinnen
Und lange, schwarze Nächte trieb von hinnen!
Sankt Valentin, du bist der Hochgestellte,
Für dich die Vögel dieses Lied beginnen:
«Willkommen, Sommer, der des Winters Kälte
Durch seine warme Sonne ließ zerrinnen.»[35]

Ein Adler macht's möglich
Der Dichter im Haus der Fama

Nach der Rückkehr von seiner weitesten und wichtigsten Italienreise im Frühsommer des Jahres 1373 wurde Chaucer zunächst beruflich voll in Anspruch genommen, denn der mit dem Erfolg seiner besonders diffizilen Mission sehr zufriedene König belohnte ihn mit einem einflußreichen öffentlichen Amt: Er wurde zum Kontrollbeamten für die Exportzölle auf Wolle, Häute und Felle und ein paar Jahre später auch für Kleinzölle auf die übrigen Waren ernannt. Die Zölle, die im Londoner Hafen erhoben wurden, waren eine bedeutende Einnahmequelle für den hochverschuldeten König. Durch das neue Amt, für das nur eine absolut integre Persönlichkeit in Betracht kam, gelangte Chaucer erstmals zu materiellem Wohlstand. Er bekam nicht nur ein Jahresgehalt auf Lebenszeit, sondern profitierte beispielsweise auch vom Erlös sichergestellten Schmuggelgutes. Als eine besonders ehrende Geste genehmigte ihm Edward III. lebenslang täglich einen Humpen (= 1 Gallone) Wein, den er beim Butler des Königs am Londoner Hafen abzuholen hatte. Darüber hinaus erhielt er noch auf Lebenszeit das Recht, die Wohnung über dem Stadttor von Aldgate, nicht sehr weit vom Hafen entfernt, mietfrei zu benutzen. Es ist die einzige Wohnung Chaucers, von der wir sichere Kenntnis haben. Doch in den zwölf Jahren, die er hier verbrachte, entstanden seine wichtigsten Werke. Hier schrieb er das große Epos *Troilus und Criseyde,* hier konzipierte er die *Legende der guten Frauen,* hier wurde die Idee zu den *Canterbury Tales* geboren, und hier vollendete er auch seine frühen Dichtungen *Das Parlament der Vögel* und *Das Haus der Fama.*

Chaucers *Haus der Fama* besitzt einen einzigartigen Reiz; denn sein großes Thema ist die Frage nach dem Wesen der Dichtung, nach den Möglichkeiten und Grenzen der *art poetical*[36]. Er sucht sich hier Klarheit über sein dichterisches Selbstverständnis zu verschaffen, ein höchst ungewöhnliches Unterfangen in der mittelalterlichen Dichtung. Zunächst schildert er mit sichtlichem Vergnügen in einer kleinen Szene die Lebens- und Arbeitsbedingungen in seiner Wohnung über dem Stadttor von Aldgate – und zwar ist es Jupiters Adler, der sich über Chaucers Gewohnheiten folgendermaßen mokiert: *Selbst von den Nachbarn, die Du fast/Zunächst der Haustür wohnen hast,/Hörst Du nicht dies noch das;*

Ansicht von London mit Tower und London Bridge (zwischen ihnen lag das Zollhaus, in dem Chaucer wohnte). Ende des 14. Jahrhunderts

denn ist / Dein Tagewerk vollbracht und bist / Mit Deinem Rechnen fertig Du, / Suchst Du Zerstreuung nicht, noch Ruh; / Nein, gehst zu Haus, und wie ein Stein / Sitzest Du stumm für Dich allein / Und nimmst ein andres Buch zur Hand / Und trübst Dir Augen und Verstand, / Lebst wie ein Klausner, hältst Du gern / Dich auch vom strengen Fasten fern.[37]

Dieser Adler begegnet dem Dichter im Verlauf eines Traums, nachdem er, vom Lesen müde geworden, eingeschlafen war. Er sieht sich nun in den gläsernen Tempel der Venus versetzt. Dort betrachtet er die gemalten Hauptereignisse der ersten Bücher von Vergils «Aeneis». Dido und Aeneas besitzen freilich nicht die heroische Statur ihrer Urbilder oder wie im mittelalterlichen Aeneasroman Heinrichs von Veldeke, sie sind vielmehr bloße Durchschnittsmenschen: Aeneas ist nur der untreue Mann; dabei verlagert sich sein Interesse auf Dido, die betrogene, weil allzu leichtgläubige Frau, wie sie bereits von Ovid gezeichnet wurde.

Bedrückt durch Didos Frauenschicksal, verläßt der Erzähler, der teils eine literarische Fiktion, teils aber doch auch wieder mit dem Dichter identisch ist, den Tempel und findet sich plötzlich in einer trostlosen Wüste. Auf einmal sieht er einen goldenen Adler geradewegs auf sich herniederstürzen. Dieser Götterbote, derselbe, der bereits Ganymed entführt hatte, ergreift mit seinen Fängen den ängstlich zappelnden *Geffrey*[38], um mit ihm eine Reise zum Haus der Fama zu machen; denn es ist Jupiters Wille, daß Chaucer für seine eigene Dichtung nicht mehr nur auf die trockene Buchlektüre als Stoff für seine Dichtung angewiesen ist,

Didos Tod. Aus Boccaccios «Des Cas des Nobles Hommes et Femmes». Um 1470–80

sondern aus der unmittelbaren Anschauung des Lebens zu seinem Werk motiviert wird.

Die Reise – Chaucers eigenes großes Lebensmuster – führt den verschreckten Geffrey in himmlische Höhen, was der Dichter mit köstlicher Komik schildert: *So lag in seinen Klau'n ich lange,/Bis er am Ende zu mir sprach/Mit Menschenstimme: «Werde wach!/Sei nicht erschrocken! – Schäme Dich»/Und nannte dann beim Namen mich [...] Und da er meine Wärme spürte/Und fühlte, wie das Herz mir schlug,/Weil er in seinen Klau'n mich trug,/Begann zu scherzen er sofort,/Und gab mir manches Trosteswort;/Und zweimal hört' ich dann ihn sagen:/«Heil'ge Maria – Dich zu tragen,/Machst Du ganz grundlos mir zur Pein.»*[39] Während sie durch die Lüfte fliegen, weicht allmählich Geffreys Angst und gibt nach und nach staunender Neugier Raum. Die Reise verläuft – und dies verstärkt die Komik – nach archetypischen bzw. mythischen und literarischen Vorbildern, man findet nicht zuletzt säkularisierende Anspielungen auf Dantes «Divina Commedia». Auch Geffrey selbst bemerkt recht bald die Analogie zu großen mythischen Himmelfahrten. Da er weiß, daß er es mit diesen Urbildern nicht aufnehmen kann, möchte er den Flug vorzeitig abbrechen: *Und ich begann/Mich zu verwundern, und ich dachte:/«O, Gott, der alle Wesen machte,/Verlaß ich etwa diese Welt,/Daß Jupiter an's Himmelszelt/Als Stern mich setzt? Vergebens sinn' ich!/Nicht Enoch, noch Elias bin ich.[...]»*[40]

Tatsächlich weicht jedoch Chaucers Adlerreise vom archetypischen Schema des Himmelsfluges in bezeichnender Weise ab. Dies erhellt uns ein Blick auf die Adlerreise des träumenden Joseph in Thomas Manns großem Romanwerk «Joseph und seine Brüder». Auch Joseph war vor seinem Traum in Lektüre versunken – und zwar in das Gilgamesch-Epos und das Etana-Lied. Verblüffend ähnlich wie Chaucer beschreibt Thomas Mann den «Himmelstraum» des jungen Joseph: «Und war um mich ein Tosen von Wind und Kraft, denn schon war er [der Adler] über mir, packte mich an den Hüften mit seinen Fängen und raubte mich empor. [...] Der Adler hielt mich an den Hüften von hinten [...], seinen Kopf über meinem, und meine Beine hingen hinab im Winde des Aufstiegs. Zuweilen neigte er sein Haupt neben meines und sah mich mit seinem mächtigen Auge an. Da sprach er aus seinem erzenen Schnabel: ‹Halte ich dich gut, Knabe, und packe ich nicht allzu fest zu mit den unwiderstehlichen Klauen?›»[41] Josephs Empfindung «grauenhafter Freude»[42] während dieses Flugs ist vergleichbar mit jener, die Geffrey erlebt. Aber Josephs Traumflug hat ein anderes Ziel: Er soll dadurch versetzt werden vor den «Vater der Welt» «als Metatron und Knabe Gottes»[43]. Er absolviert damit den Weg zu vollkommener Menschwerdung. Einen ähnlichen «Sinn» hat auch Chaucers Reise, wie wir sehen werden, selbst wenn sie nicht zum höchsten Gott, sondern zu einer weiblichen Gottheit, der Fama, führt, die mitten zwischen Himmel und Erde residiert; sie ist von

so großer Gestalt, daß sie an die Grenzen des Himmels und der Erde her-
anreicht. Sie genießt kultische Verehrung durch den Himmelsstaat, der
ihr den Lobpreis zuruft. Sie läßt aber auch jene, die zu ihr beten *O,
schöne Herrin* [...] *Schenk' uns ein Zeichen Deiner Gnade!*, wissen: *So
wahr ich bin!* [...] *Auf Grund von guten Werken wird / Von mir kein guter
Ruf gewährt*[44]; denn sie besteht darauf, ihre Gnade einzig und allein nach
ihrem eigenen Gutdünken zu gewähren. Hier denkt man an die Aussage
Jahwes im Alten Testament: «Wem ich gnädig bin, dem bin ich gnädig»
(2. Mos. 33,19), und es zeigt sich, wie Chaucers Phantasie Vergnügen
daran fand, mythenbildend tätig zu werden; es genügte ihm dabei, auf die
langanhaltende Diskussion des Verhältnisses zwischen Gnade und guten
Werken kommentarlos anzuspielen. Zentrales Thema ist indes in diesem
Frühwerk die «Selbstwerdung» bzw. «Selbstfindung» als Dichter und damit verbunden eine ambivalente Haltung zu einem bereits neuzeitlichen
Thema, dem dichterischen Ruhm.

Das Faszinosum des Ruhms ist ein Motiv, das die Humanisten des
14. Jahrhunderts wiederentdeckt hatten. Petrarca gab unumwunden zu:
«Alle Dichter lieben den Lorbeer.»[45] Auch Chaucer kann sich dem
verführerischen Glanz des Ruhms nicht ganz entziehen. Aber er ist
skeptischer als Petrarca. Er sieht bei seiner Betrachtung des Hauses
der Fama, deren große Zahl von Büsten und Statuen berühmter Persönlichkeiten er minutiös schildert, Beispiele für den mit der Zeit ver-
blassenden Ruhm; er erkennt, daß es eine Garantie für den Ruhm
über den Tod hinaus nicht gibt. Ist nicht auch die heroische Statur von
Aeneas und Dido, wie er sie im Tempel der Venus gemalt sieht, deutlich
geschrumpft? Kann man sich darauf verlassen, daß die Kunst die Vergangenheit verläßlich spiegelt? So treibt die scheinbare Parallelisierung
der Fama mit dem alttestamentlichen Gott auch einen scharfen Gegensatz hervor: Während es hier auf den unbedingten Glauben an den die
Gnade frei schenkenden Gott ankommt, empfiehlt sich gegenüber der
Gunst der Fama eine Haltung tiefen Zweifels.

Mit Staunen, aber auch mit einer gewissen Reserviertheit, betrachtet
Geffrey dann, was sich als nächstes und letztes seinen Augen bietet. Nun
soll Jupiters Versprechen, ihn mit dem wirklichen Leben vertraut zu machen und ihm dadurch neuen Stoff für seine Dichtung zuzuführen, einge-
löst werden. Er erblickt ein mit hoher Geschwindigkeit rotierendes, aus
Weidengeflecht bestehendes Bauwerk, das ebenso wie *Das Haus der
Fama* auf Anregungen aus Ovids «Metamorphosen» zurückgeht. In diesem Haus der Gerüchte schwirren die vielfältigsten aktuellen Neuigkeiten
herum, doch auch bei ihnen ist Skepsis geboten. Denn gerade hier zeigt
sich besonders deutlich, daß wahr und falsch nicht eindeutig voneinander
geschieden werden können. Dennoch ist Geffrey, nachdem er es mit des
Adlers Hilfe geschafft hat, in das rotierende Haus einzudringen, von den
vielfältigen, aus dem Leben gegriffenen Informationen beeindruckt: *Und*

Giovanni del Ponte: Dante und Petrarca. Frühes 15. Jahrhundert.
Fogg Art Museum, Harvard, Cambridge/Mass.

Herr! Wie oll Tag ein, Tag aus / An Schiffern, Pilgern war das Haus, / In deren ollgepfropften Säcken / Lügen, Neuigkeiten stecken [...] *Viel zwölfmaltausende sah ich / An Ablaßkrämern und Verkäufern, / An Abgesandten, Boten, Läufern, / Mit Taschen oller noch an Lügen / Als jemals Hefe war in Krügen.*[46] Und damit gelangt *der Fama kleines Buch*[47] auch schon an ein abruptes und vorzeitiges Ende, da es ein Fragment geblieben ist. Hier also, im Bereich des Wirklichen, der konkreten Erfahrung, liegt das eigentliche Ziel von Geffreys symbolischer Reise. Hier erlangt er sozusagen auch seine Selbstfindung als Dichter.[48] Die realen Details, die Chaucer im Haus der Gerüchte entdeckt – die Pilger und Ablaßkrämer mit ihren Geschichten –, weisen zugleich recht deutlich auf das große Thema seiner *Canterbury Tales* voraus. Wie im Falle von Thomas Manns Joseph symbolisiert demnach das archetypische Bild des Himmelsfluges einen Akt der Befreiung – eine Symbolik, die der himmlischen Reise nach Mircea Eliade überhaupt innewohnt[49]: Joseph gewinnt eine herausragende Position für seinen Dienst am Menschlichen, Geffreys neugieriges Interesse wird befriedigt, und seine «Selbstfindung» vollzieht sich durch seine Ankunft mitten im sich tummelnden Leben. Als Dichter, der sich diesen Stoffen zuwendet, kann Geffrey zugleich aber auch selbstbewußt von sich behaupten, er sei auf den Ruhm durchaus nicht angewiesen, denn *Ich weiß selbst sehr wohl, wo ich stehe.*[50]

So wird Chaucer zugleich zu einem Hauptvertreter der geistigen Umwälzungen des 14. Jahrhunderts: Der unerschütterliche Glaube an eine Welt, die einen metaphysischen ordo widerspiegelt, wird aufgegeben zugunsten der Neuentdeckung der Erkenntnisfähigkeit des Individuums. Chaucers Neugier ist mit jener von Dantes Odysseus vergleichbar, die ihn über die Grenzen der Alten Welt, markiert durch die «Säulen des Herkules», hinausgreifen läßt. Auch bei Chaucer findet sich jener neue skeptische Geist der Oxforder Franziskaner Roger Bacon und Wilhelm von Ockham, die an die Stelle tradierten Wissens und überkommener Autorität die experimentelle Erkenntnisfähigkeit des Individuums setzen. So begnügt sich denn auch Chaucer keineswegs damit, die Wirklichkeit dichterisch zu beschreiben, sondern er bedient sich dafür zugleich des wissenschaftlichen Fortschritts seiner Zeit. Ein Beispiel dafür, wie Chaucer sie für seine Dichtung nutzt, ist etwa die Art, wie er die Ausbreitung der Fama sich vorstellt. Er läßt den Adler erklären: *Schall ist die Luft nur, die sich bricht, / Und jede Sprache, die man spricht, / So laut wie leise, weich wie hart, / Sie ist nur Luft nach Stoff und Art.*[51] Und dann folgt die erstaunliche Erklärung, der Schall pflanze sich fort in Form von Wellen, genau wie ein Steinwurf ins Wasser konzentrische Kreise erzeuge. *Es pflanzen Kreise sich auf Kreise / Fort und fort auf gleiche Weise, / Bis ihnen dann zu guterletzt / Das Ufer eine Schranke setzt [...] dies bewährt / Auch bei der Luft sich. Weiter schwingt / Sie immerfort, und Sprache dringt / – Wie Wort und Lärm und Klang und Ton – / Stets weiter durch die Luftregion / Zum Haus der Fama, ihrem Ziel.*[52] Indem Chaucer seine Werke auf der Grundlage wissenschaftlicher Erkenntnis verfaßt und die Erscheinungsformen des Menschlichen mit viel Ironie und noch mehr verstehendem Humor beschreibt, besitzt er wiederum eine Wesensverwandtschaft gerade mit Thomas Mann, einem der letzten großen Humanisten. Dieser hat für seine Romane jeweils wissenschaftliche Studien unter-

Fama im «Haus der Fama». Holzschnitt aus einer frühen Ausgabe, gedruckt von Richard Pynson, 1526

nommen, um mit ihrer Hilfe das spezifisch Menschliche mit Ironie und Humor im erzählerischen Medium darstellen zu können.[53] Es zeigt sich, daß sein spätbürgerliches Kunstverständnis gar nicht so weit entfernt ist von den dichterischen Intentionen des dem frühen Bürgertum entstammenden Geoffrey Chaucer.

Sowohl das *Parlament der Vögel* wie auch das *Haus der Fama* sind oft als Gelegenheitsdichtungen verstanden worden,[54] deren ursprüngliche Anlässe uns jedoch unbekannt sind. Die Versuche, solche historischen Zeitbezüge aufzuspüren, sind zwar interessant, aber letztlich müßig und spekulativ; zu grundsätzlicher Natur ist die Thematik dieser beiden Dichtungen, als daß sie sich durch den Zusammenhang mit einem konkreten Anlaß ausschöpfen ließen. Wichtiger erscheint eine andere Gemeinsamkeit dieser beiden Frühwerke. In ihnen beginnt Chaucer ein für ihn sehr charakteristisches Interesse an den Problemen weiblicher Existenz zu entwickeln. Im *Parlament der Vögel* ist es die komplizierte Situation des Adlerweibchens, die sich ihre freie Entscheidung nicht nehmen lassen will, im *Haus der Fama* hat es ihm Dido als Opfer männlicher Unzuverlässigkeit angetan. Chaucer ist der erste englische Dichter, der die Fähigkeit besitzt, sich nicht nur in die weibliche Psyche hineinzuversetzen, sondern sich auch mit der sozialen Rolle der Frau zu identifizieren, ihre Probleme und Bedürfnisse zu artikulieren. Diese Gabe Chaucers hat bereits im frühen 16. Jahrhundert der schottische Dichter Gavin Douglas mit dem Lob kommentiert: «Er war stets aller Frauen Freund.»[55]

Caecilia in zweierlei Gestalt

Hier stellt sich natürlich auch die Frage: Was wissen wir über Frauen in Chaucers eigenem Leben? Die Antwort fällt recht enttäuschend aus: fast nichts. Wir sind im wesentlichen nur auf Rückschlüsse und Vermutungen angewiesen. Seine eigene Mutter dürfte ihm viel bedeutet haben. Da Mütter in seinem Werk sich durch Sanftmut und Güte auszeichnen, hat die Annahme viel für sich, daß Chaucers hochentwickelte Sensibilität wesentlich durch eine Mutter ähnlichen Charakters geprägt wurde. Auch zu seiner Schwester Katherine dürfte er nicht nur wegen des geringen Altersunterschiedes eine enge emotionale Beziehung gehabt haben. Als er sie in London durch seinen Dienstantritt am Hof der Gräfin von Ulster zurücklassen mußte, wird dies für ihn einen schweren Verlust bedeutet haben. Hier haben wir wohl einen der Gründe in Chaucers Leben für die große Bedeutung, welche die Erfahrung des Verlustes einer geliebten Person in seinem Werk erlangt.[56] Über Chaucers Gattin Philippa ist uns nichts Näheres bekannt. Die häufigen und längeren Trennungen der beiden, die durch Geoffreys berufliche Reisen, aber auch durch Philippas

Das Martyrium der hl. Caecilia. Nach dem Caecilienaltar eines unbekannten italienischen Meisters des 14. Jahrhunderts. Galleria degli Uffizi, Florenz

Stellung am Hof Costanzas von Kastilien bedingt waren, lassen auf eine ungewöhnliche Ehe schließen. Costanza war im übrigen religiös und besaß resignative Charakterzüge. Sie mußte es erdulden, daß ihr Gatte Johann von Gent sein Verhältnis mit Katherine Swynford, Philippas Schwester, in aller Öffentlichkeit aufrechterhielt. Da Philippa Costanzas

Kammerdienerin bis zu deren Tod blieb, ist es möglich, daß auch sie zu entsagen gelernt hatte. Chaucer selbst dürfte jedenfalls Costanzas Lebensumstände mit teilnehmender Sympathie verfolgt haben, denn es ist denkbar, daß er ihr zum Trost sein *Leben Constantias* geschrieben hat, das er dem Rechtsanwalt in den *Canterbury Tales* in den Mund legt. Diese Geschichte erzählt zwar von keiner Heiligen, aber von einer Frau, die den mittelalterlichen Appell zur Leidensfähigkeit exemplarisch verkörpert.

Persönlich bekannt war Chaucer auch mit der ebenso klugen wie schönen Kurtisane Alice Perrers, die einen beträchtlichen Einfluß am Hof Edwards III. erlangt hatte. Sie verstand es, mit Hilfe bedeutender Männer und vor allem des verwitweten Königs zu einer der wohlhabendsten und einflußreichsten Frauen Englands aufzusteigen. Alice Perrers in diesem Zusammenhang zu erwähnen ist nicht unwichtig, denn ihre Nichte war eine gewisse Caecilia Champaigne, und diese spielt eine bis heute ungeklärte Rolle in Chaucers Biographie. Auf sie bezieht sich ein rätselhaftes Dokument aus einer Zeit, als er bereits etliche Jahre allein in seiner Londoner Stadtwohnung lebte, während seine Gattin im Norden Englands Hofdienste bei Costanza versah. In besagtem Dokument spricht sie Chaucer nach Zahlung einer Geldsumme von allen Forderungen «de raptu meo» frei.[57] In der damaligen Rechtssprache bedeutete «raptus» vor allem «Vergewaltigung», aber auch «Entführung», was ein gar nicht seltenes Delikt war. So wurde etwa Chaucers eigener Vater im Alter von zwölf Jahren von seiner Tante gewaltsam entführt. Dahinter steckte die Absicht, ihn mit ihrer Tochter zu verheiraten, um so seine vom Vater zu erwartende Erbschaft rechtzeitig für ihre eigene Familie zu sichern.

Was immer sich hinter Chaucers «raptus» verbergen mag, interessant ist dieser juristische Beleg nicht wegen einer eventuellen privaten Affäre mit Caecilia Champaigne, sondern wegen des möglichen Bezugs zu seinem eigenen literarischen Werk. So kann es, wenn wir den Heiligen- und Namenkult im Mittelalter berücksichtigen, kaum ein Zufall sein, daß Chaucer ausgerechnet für seine einzige Heiligenlegende die Caecilia ausgewählt hat. Er muß diese Legende besonders geschätzt haben, da er sie in einem kleinen Werkverzeichnis, das er in die *Legende der guten Frauen* einfügt, als eigenständiges Opus erwähnt, bevor er sie dann eine Nonne in den *Canterbury Tales* erzählen läßt.

Mit dieser Legende will er, so lesen wir eingangs, gegen *träges Nichtstun [...] die Ursache großer Konfusion,* anschreiben; auch ist von *Verfehlungen irdischer Lust* und *falscher Leidenschaft*[58] die Rede. Den eigentlichen Akzent legt Chaucer sodann jedoch nicht auf den religiösen Kern der Caecilien-Legende, die Missionierung der Heiden, sondern auf die überaus selbstsichere Art, mit der Caecilia sich vor dem heidnischen Gericht verteidigt und ihren männlichen Ankläger seiner Unwissenheit überführt: *Ihr fragt wie ein sehr dummer Mann,* hält sie ihm vor. Und auf seine entrüstete Frage: *Wer hieß dich solche grobe Antwort sagen?,* erwidert sie: *Nur mein Gewissen, meine Glaubenstreue.*[59] Auch Caecilia Champaigne stand vor männlichen Richtern. Einfach war es auch für sie als Frau nicht, in einer juristischen Angelegenheit gegen einen – noch dazu sehr bekannten – Mann vorzugehen. Chaucer hatte es hier offenbar mit einer ungewöhnlichen, «modernen» Frau zu tun. Die Episode mit Caecilia fällt in das Jahr 1380. Es ist die Zeit, in der er höchstwahrscheinlich mit der Arbeit an seinem größten vollendeten Werk, dem Epos *Troilus und Criseyde,* begann, und dort tritt uns die erste seiner großen selbstgewissen Frauen entgegen, die sicher nicht ohne entscheidende Erfahrungen aus seinen Begegnungen mit starken Frauen zu denken sind.

«Troilus und Criseyde»
Ein exemplarischer Verrat
an der Liebe

Chaucers Selbstvertrauen als Dichter war inzwischen so gewachsen, daß er es wagen konnte, sich mit der großen epischen Tradition zu messen, die von der Antike bis in seine Zeit reichte. Kein Zufall, daß *Das Haus der Fama,* in dem sich sein dichterisches Selbstwertgefühl formiert, mit Motiven aus Vergils «Aeneis» begonnen hatte; denn diese Dichtung galt im Mittelalter als unerreichtes Vorbild für die Gattung des Epos. Manches verbindet Chaucer mit Vergil[60], auch wenn Ovid sein Lieblingsdichter war. Wie Vergil besaß auch Chaucer eine hochentwickelte Sensibilität, die sich in einer Verbundenheit mit allem Lebendigen manifestierte. Vor allem aber hatten beide ein ausgeprägtes politisches Interesse. Während jedoch Chaucers politisches Engagement sich insbesondere in seinem Hauptberuf auswirkte, machte es Vergil zum zentralen Anliegen seiner Dichtung. Das Epos war die geeignete Gattung, um die römische Geschichte fast bis zur unmittelbaren Vergangenheit seines Volkes zu erzählen.

Auch Chaucer läßt in sein Epos das Politische in bezeichnender Weise hineinspielen, denn er nahm sich einen antiken Stoff vor, der für seine Zeit durchaus auch politische Bedeutung besaß: den Trojanischen Krieg. Die europäischen Länder suchten nämlich ihre nationale Überlegenheit durch den «Nachweis» ihrer Abstammung von den Trojanern zu erhärten; auf England traf dies in besonderem Maße zu, wo London in der Dichtung bereits als «Troynovant» – «neues Troja» – gepriesen wurde. Die sozialen Unruhen, die mit Vehemenz ausbrachen und sich im Bauernaufstand von 1381 entluden, vor allem aber die kriegerischen Aktionen gegen Frankreich, begünstigten sicher die Wahl des Trojanischen Krieges als Stoff für ein neues Epos, das somit sogar eine gewisse politische Aktualität beanspruchen konnte.

Chaucers episches Werk rückt nun allerdings in den Vordergrund, was bei Vergil nur Episode war: die schicksalhafte Liebe zweier Menschen. Und sie scheitert im Gegensatz zur «Aeneis» nicht durch den Mann, sondern durch die Untreue der Frau. Die Geschichte von Troilus und Criseyde entstand erst aus mittelalterlichen Erweiterungen des Trojastoffes durch Benoît de Sainte-Maure und Guido de Columnis, bis sie in

Boccaccios Epos «Il Filostrato» eine ausgereifte Form erhielt; dies war Chaucers primäre Quelle.[61] Die Handlung von Chaucers Epos ist rasch erzählt: Der trojanische Apollo-Priester Calchas erfährt durch seine prophetische Kunst der Opferschau, daß sich das Kriegsglück bald auf die Seite der Griechen neigen wird. Daher zieht er für seine Person die Konsequenz und läuft zum Feind über. Zurück bleibt seine schöne, junge und bereits verwitwete Tochter Criseyde, in die sich Troilus, der Sohn des Priamus, verliebt, dessen Heldenruhm nur noch von Hector übertroffen wird. Um Criseydes Liebe zu gewinnen, bittet er seinen Freund Pandarus, einen Kenner der weiblichen Psyche und zugleich Criseydes Onkel, um Hilfe. Mit List gelingt es ihm, Criseyde und Troilus zu einer Liebesnacht in seinem Haus zusammenzuführen. Daraufhin genießen die Liebenden eine kurze Zeit gemeinsamen Glücks. Mit einem Schlag jedoch ändert sich die politische Situation und führt auch für die Liebenden zu Konsequenzen, denn Calchas benützt einen Gefangenenaustausch dazu, seine Tochter zu sich zu holen und sie so vor dem drohenden Untergang zu bewahren. Obwohl sie sich anfangs gegen diesen Plan heftig zur Wehr setzt, trennt sie sich doch unter leidenschaftlichen Treueschwüren von Troilus, verspricht aber, innerhalb von zehn Tagen zu ihm zurückzukehren. Doch kaum ist Criseyde bei den Griechen, beginnt auch schon der vitale und lebensfrohe Diomedes um sie zu werben, und schnell wird Criseyde ihrem Geliebten untreu. Auf diese Nachricht hin sinkt Troilus in tiefe Verzweiflung und sucht, auf dem Schlachtfeld blindwütig kämpfend, den Tod von der Hand Achills.

Chaucer lehnt sich teilweise eng an Boccaccios Jugendepos an, insgesamt transformiert und vertieft er es aber beträchtlich. Bei seiner Erzählung der Liebe zwischen Troilus und Criseida nimmt Boccaccio indirekt Bezug auf Andreas Capellanus' «De Amore». In diesem rätselhaften Buch lautet e i n e der widersprüchlichen Thesen über die Liebe, daß die intensivste Liebe nur in einer unter Schwierigkeiten zu erreichenden Heimlichkeit erlebt werden könne, während die Ehe durch ihren Gewöhnungseffekt für die Liebe abträglich sei. Nicht nur Troilus, sondern gerade auch Criseida akzeptiert diese These von der sinnlichkeitssteigernden Heimlichkeit, die ihr überdies die Erhaltung ihrer Freiheit sichert. Als sie dann die Möglichkeit zu einer Liebesnacht im Haus des Pandarus gekommen sieht, sorgt Criseida selbst für ungestörte intime Zweisamkeit, indem sie ihre Dienerinnen einfach zu Bett schickt. Gezwungen, durch den Gefangenenaustausch von Troilus Abschied zu nehmen, tröstet sie ihn mit dem Argument, die Notwendigkeit, ihre Liebe geheimzuhalten, habe einen genußsteigernden Effekt. Sie fügt den weiteren Gedanken aus Andreas Capellanus hinzu, daß eine nur seltene sexuelle Erfüllung die Liebe vor dem Erkalten bewahre. Jedoch so schnell, wie sie sich in Troilus verliebte, entflammt ihre Liebe zu Diomedes, und damit endet das Werk.

Chaucer verstärkt einerseits das höfische Ambiente, andererseits aber behält er den unhöfischen Gedanken der Liebe als heimlicher, privater Angelegenheit zweier Menschen bei: *Zur Liebe gehört die Heimlichkeit*[62], heißt es einmal lapidar. Ihre idealistische Konzeption, die schon im «Rosenroman» der Kritik ausgesetzt worden war, verflüchtigt sich zusehends. Bei Chaucer ist die Liebe auch nicht mehr von der Gesellschaft her definiert; sie bleibt, wie gesagt, eine rein private, intime Erfahrung zweier Menschen, die allerdings von den politischen Ereignissen beeinflußt wird. Wohl heißt es mehrfach über Troilus, sein Verhalten in der Gesellschaft habe sich durch seine Liebe zum Guten hin verändert, er sei der höflichste und tapferste Mensch geworden. Aber die *Ehre*[63], für die sich vor allem Criseyde interessiert, wird jetzt nicht mehr wie im höfischen Roman durch die Liebe gewonnen, sondern nur noch negativ bestimmt: Sie darf nicht durch das Liebesverhältnis beeinträchtigt werden; mit anderen Worten, Criseydes guter Ruf muß unter allen Umständen erhalten bleiben.

Triumph der Liebe

Anders als bei Boccaccio geht es in Chaucers großer Dichtung nicht nur um die Liebe als intensiv erlebte Sinnlichkeit, sondern um die zentrale «existentielle» Erfahrung zweier Menschen. Chaucer läßt sie uns aus wechselnden Perspektiven mitverfolgen. Zunächst richtet sich das Interesse auf Troilus. Er ist nicht mehr nur der junge Liebhaber, der ein sinnliches Abenteuer sucht; vielmehr erfährt er einen schroffen Wandel vom konsequenten Liebesverächter zum leidenschaftlich Liebenden, der an der Unerfülltheit seiner Liebe leidet und der am Ende durch die Liebesenttäuschung tödlich getroffen wird. Nun findet sich zwar auch im höfischen Roman ein passiver Liebhaber[64]; aber die Art, wie Troilus anfangs den Schmerz unerfüllter Sehnsucht geradezu «genießt», ist nicht ohne eine direkte Beeinflussung durch Petrarcas Neuentdeckung psychischer Sensibilität denkbar. So faßt Troilus sein Liebesverlangen zunächst in die Worte eines übersetzten Petrarca-Sonetts: *Gibt es die Liebe nicht, o Gott, warum empfinde ich so* [tief] */Und gibt es die Liebe, wie und was ist sie?* [...] *Je mehr ich von ihr trinke, um so mehr dürstet mich nach ihr.*[65] So bedarf Troilus der zupackenden Hilfe des so anders gearteten Pandarus, um schließlich die Liebe als zutiefst existentielle Erfahrung zu erleben.

Doch Chaucers eigentliches Interesse gilt der von Troilus geliebten Dame. Ja, in ganz außergewöhnlicher, modern anmutender Weise wird über die Problematik der Liebe aus der Perspektive der Frau reflektiert.[66] Die Spontaneität von Boccaccios Criseida ist in Criseydes Monolog einem rationalen Diskurs gewichen, der das weitere Verhalten im vorhin-

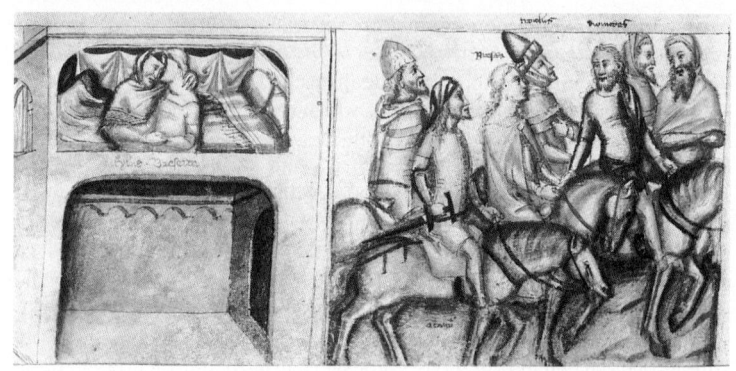

Troilus und seine Geliebte. Aus dem «Liber de casu et ruina Trojae»
von Guido de Columnis. Mitte des 14. Jahrhunderts

ein festlegt: *Oh, sollte ich,* sagt sie, *jetzt, wo ich frei bin, mich wieder verlieben und meine Sicherheit gefährden und die Freiheit mit Knechtschaft
vertauschen? […] Denn durch die Liebe hat man doch immer das heftig-
ste Leben, das je geführt wurde. Denn die Liebe führt immer zu irgendei-
ner Art von Mißtrauen oder sinnlosem Streit.*[67] Wenn sie sich als junge
Witwe noch einmal zu einer Beziehung entschließt, dann nur zu einem
heimlichen Verhältnis, weil nur dies ihre Freiheit garantiere. In ihrer Ehe
hat sie offenbar nicht die besten Erfahrungen gemacht. Jetzt jedenfalls
genießt sie es, ganz auf sich selbst gestellt zu sein, jetzt soll kein Mann
mehr über sie seine patriarchalische Macht ausüben und zu ihr *Schach
matt*[68] sagen können. Auch fürchtet sie sich vor einem möglichen Vertrau-
ensbruch des Partners. Als Pandarus stellvertretend für sie wirbt, zeigt
sie sich zunächst einem erotischen Abenteuer abgeneigt; nur widerwillig
läßt sie sich in *die immer gleichen Spiele*[69] der Liebe hineinziehen und
äußert Vorbehalte, die bis in die Formulierung hinein an den «Rosenroman» erinnern. Andererseits jedoch sehen wir sie mit Pandarus, dem
Kenner dieser Spiele, an Fragen der Liebe recht interessiert. Eine gewisse Ambivalenz in ihrem Wesen kommt damit schon recht frühzeitig
zum Vorschein.

Für sein Epos wählt Chaucer einen Erzähler, der die Geschichte nur
manchmal in auktorialer Allwissenheit wiedergibt, oft aber spontan, naiv
und mitfühlend auf das reagiert, was er in seiner Quelle vorfindet, die er
einem gewissen Lollius zuschreibt. Er verzichtet also bewußt auf eine
verbindliche Deutung und Erklärung der dargestellten Welt. Dies ist um
so erstaunlicher, als er ja offenbar seine Dichtung persönlich vor höfischen Zuhörern vorgetragen hat, wie es eine berühmte Miniatur einer
Handschrift im Corpus Christi College in Cambridge anzuzeigen scheint.

Er zieht es vor, seinem Publikum nahezulegen, sich ein eigenes Urteil zu bilden, wie wir dies bereits an seiner früheren Dichtung beobachten konnten. Damit erzielt er eine künstlerische Offenheit und ironische Distanzierung, die zu jenen Zügen in seinem Werk gehört, die wir an ihm als einzigartig und erstaunlich modern bewundern.[70]

Von der Entwicklung der Liebe bis zu ihrem großen Höhepunkt im dritten Buch ist der Leser nicht minder gefesselt als der Erzähler. Daran hat die unvergeßliche Figur des Pandarus einen entscheidenden Anteil. Bei Boccaccio ist Pandaro der Freund des Troilus und der Cousin Criseidas, er hat aber nicht sehr viel zu tun, weil Criseida sich freiwillig am Liebesspiel beteiligt. Chaucer dagegen macht Pandarus zu Criseydes Onkel und verwandelt ihn damit in einen Mann mittleren Alters. Dies und die besondere Sympathie, die Chaucer dieser Figur entgegenbringt, hängen

Venus wird im Liebesgarten von Achilles, Tristan, Lanzelot, Samson, Paris und Troilus verehrt. Louvre, Paris

Chaucer beim Vortrag vor einer adeligen Gesellschaft.
Aus der Troilus und Criseyde-Handschrift. Corpus Christi College, Cambridge

sicher auch damit zusammen, daß er bei der Arbeit an diesem Werk ebenfalls jenes Alter erreicht hatte. Er hat Pandarus Eigenschaften und Fähigkeiten zugedacht, die er selbst in hohem Maße besaß: den Realitätssinn, die pragmatisch-zupackende, weltgewandte Art bei der Lösung eines schwierigen Problems, die Fähigkeit, sich mit dem anderen zu identifizieren und dabei dennoch eine distanzierte Haltung einzunehmen, vor allem aber einen Sinn für «unwiderstehliche» Komik.[71] In diesem Epos ist nun Chaucer zum erstenmal eine Charakterschilderung im «modernen», realistischen Sinne gelungen. Indem Pandarus mit größtem psychologischem Feingefühl agiert, gelingt es ihm allmählich, Criseyde für Troilus zu interessieren und ihre Liebe zu wecken; Criseyde gesteht sich schließlich selbst: *Daß einer mich liebt, ist kein Wunder, denn ich weiß sehr wohl [...] ich bin eine der Schönsten [...] und Besten in ganz Troja.*[72] Pandarus fungiert sozusagen als Regisseur, der die Liebesbegegnung in seinem Haus regelrecht «inszeniert», so daß wir uns das Geschehen als kleine, komödienhafte Szene genau vorstellen können. Wir verfolgen, wie er in einem wirklichkeitsnahen Dialog Criseyde überredet, bei ihm wegen eines plötzlichen Unwetters zu übernachten, wobei offenbleibt, ob sie einwilligt, weil sie ahnt, daß auch Troilus anwesend ist. Pandarus ist es, der ihre Dienerinnen zu Bett schickt und dann vorsichtig die Tür zum Zimmer öffnet, in dem sich Troilus befindet, und er ist es auch, der Troilus Mut machen muß, die Gelegenheit zu ergreifen, um ans Ziel seiner Wünsche zu gelangen.

Dabei verfügt Pandarus freilich auch über schillernde Züge. Um die beiden zusammenzuführen, schreckt er nicht vor Verstellung zurück. So ist Criseyde völlig überrascht, als sie ihn erneut in ihrem Zimmer erblickt, nachdem er ihre Dienerinnen entfernt hat. Seine Erklärung: er sei durch eine Falltür hereingekommen. Dieses architektonische Detail, wie geschaffen für trickreiche Überrumpelung, bereitet die nun folgende Täuschung Criseydes vor. Er versucht sie davon zu überzeugen, daß Troilus ebenfalls gerade erst erschienen sei, da er vor dem Regen habe Zuflucht suchen müssen. Außerdem sei Troilus in großer seelischer Not, denn er leide an Eifersucht auf einen Mann namens Horaste, den sie bevorzuge. Dieser Trick hat bei Criseyde freilich nicht den gewünschten Effekt. Was sie in einer Ehe befürchtete, die Belastung durch eine – völlig grundlose – Eifersucht, kommt gerade jetzt auf sie zu. Somit fällt auf diese Liebe ein Schatten, noch unmittelbar bevor sie ihre Erfüllung findet. Und als Pandarus auch noch unumwunden erklärt, der eifersüchtige Troilus mißtraue ihr, da fühlte sie plötzlich, bemerkt der Erzähler, *eine Traurigkeit*[73]. Man kann die Bewegung nicht überhören, die in ihren Worten liegt: *Wahrhaftig, auf dieser Welt gibt es kein wahres Glück. O böse Schlange Eifersucht, Du neidische Torheit, der man fälschlich glaubt, warum hast du Troilus dazu gebracht, mir zu mißtrauen, dem ich meines Wissens niemals dazu Anlaß gegeben habe.*[74] Hat Chaucer, der so

Das Schicksal als
Rad der Fortuna.
Aus der englischen
Armenbibel, der
«Holkham Bible».
Um 1327–35

oft durch Reisen von seiner Frau getrennt war, hier eigene Erfahrungen
verarbeitet? Pandarus muß indes sehr rasch erkennen, daß bei Criseyde
die Eifersucht nicht wie bei Andreas Capellanus die Liebe intensiviert,
sondern eine nachhaltige Verletzung zur Folge hat.

Als der immer noch zaghafte Troilus von Pandarus in Criseydes Bett
geschoben wird, söhnen sich jedoch die beiden Liebenden aus und erleben gerade vor dem Hintergrund seelischer Verletzung ihre körperliche
Vereinigung in besonderer Intensität. Wir sehen hier, wie Chaucer darauf
abzielt, kontrastierende Erlebensweisen zu verbinden: Die Liebe der
beiden ist einerseits etwas Gefährdetes, menschlich Unvollkommenes,
Bedingtes, andererseits aber auch die größte und intensivste Erfahrung,
die Menschen möglich ist. Sie wird daher auch von Troilus in Zusammenhang mit der kosmischen Liebe gebracht und in einem begeisterten
Hymnus gepriesen, den Chaucer dem Buch «Trost der Philosophie» des
Boethius entnimmt.[75]

Der Schicksalsumschwung

Als der Erzähler berichten muß, daß die Liebe zwischen Troilus und Criseyde nur von kurzer Dauer ist, weil gerade die Außenwelt, von der sie
sich abzuschirmen suchte, ihr Ende herbeiführt, zeigt er sich sehr betrof-
fen. Die Auslieferung Criseydes an die Griechen kommentiert er mit den
Worten: *Fortuna, die die Menschen von ihrem Rad herunterstürzt, begann
ihr Gesicht von Troilus abzuwenden; sie kümmerte sich nicht mehr um
ihn, sondern riß ihn weg von der Gunst seiner Dame.*[76] Hier greift Chaucer die grundsätzliche und ebenfalls schon von Boethius eingehend dis-
kutierte Frage auf, inwiefern der Mensch angesichts einer schicksalhaften Vorherbestimmung noch eine eigene Handlungsfreiheit besitze.
Während Boethius einen Ausweg darin sieht, zu handeln, als ob man frei
sei, und aus der Notwendigkeit eine Tugend zu machen – «la libertad es
la elección de la necesidad» («Die Freiheit ist die Wahl der Notwendig-

Boethius in seiner Bibliothek. Aus einer Handschrift der «Consolatio
Philosophiae». 1476

keit»), heißt es noch bei Octavio Paz[77]–, zieht Troilus für sich in seinem Monolog eine negative Konsequenz. Seinen ursprünglichen Plan, mit Criseyde heimlich zu fliehen, läßt er schnell fallen und zieht sich in *die schwarze Barke der Sorge*[78] zurück. Er fürchtet für seine Liebe das Schlimmste und glaubt mit gutem Grund, daß die vitaleren Griechen für Criseyde sehr bald eine ernste Versuchung bedeuteten, der sie nicht widerstehen könne. Criseyde dagegen nimmt eine besonnenere Haltung ein, indem sie sich zunächst in das Unvermeidliche schickt, sich zugleich aber mit dem hoffnungsvollen Gedanken tröstet, nach zehn Tagen zu ihrem Geliebten zurückkehren zu können. Seine Prophezeiung ihrer Untreue schmerzt sie sehr, und sie hält ihm vor, *daß Ihr mir mißtraut*[79]. Indem sie nun bereits zum zweitenmal entdecken muß, daß Troilus ihr nicht absolut vertraut, schwindet auch bei ihr die Voraussetzung für die Unbedingtheit ihrer Liebe, ohne daß sie sich freilich dessen bewußt würde. Troilus' Verhalten nimmt geradezu die Form einer «sich selbst erfüllenden Prophezeiung» an. Zwar ist uns dieser Begriff erst seit Paul Watzlawick[80] geläufig, jedoch schildert Chaucer bereits ein zeitlos gültiges Verhaltensmuster, für das es noch keinen Begriff gab. Faßt man nämlich den Begriff «Treue» so weit, daß er auch «Vertrauen» impliziert, so muß man schließen, daß Troilus durch sein zunächst noch völlig unbegründetes Mißtrauen als erster die «Treue» bricht. Männliche Interpreten tendieren allzu leicht dazu, sich voll mit Troilus zu identifizieren und Criseyde ausschließlich aus seiner Perspektive zu verurteilen.[81]

Und der Erzähler? Er möchte ein menschliches Mitgefühl für Criseyde aufbringen, vermag es aber nicht, sie zu *entschuldigen*[82]. Doch mit der inneren Logik seiner Erzählung schafft er jedenfalls die Voraussetzung für ein Verständnis ihres Verhaltens. Criseyde weiß, daß sie für alle Zeiten als sprichwörtliches Beispiel für den «Liebesverrat»[83] gelten wird. Aber Chaucer weitet dieses große Thema der Literatur zu einem komplexen Problem aus. Denn anders als bei Boccaccio, wo Criseida sich zunächst frei und ohne Beeinflussung oder Täuschung von außen zur Liebe entschlossen und dann den Geliebten ebenso rasch durch einen anderen ersetzt hatte, wird Criseydes Treubruch bei Chaucer mit der gesellschaftlichen und politischen Situation in Verbindung gebracht. Es ist der Trojanische Krieg, in dem man den konkreten Anlaß für ihr Scheitern zu suchen hat: Ihr Vater, der sie nun zu sich holen möchte, war ja zu den Griechen übergelaufen und hatte damit bereits einen ersten Verrat begangen. Sodann trägt aber auch das Verhalten von Troilus und Pandarus dazu bei, Zweifel an der Unbedingtheit von Troilus' Liebe aufkommen zu lassen. Und schließlich hat auch *ihr instabiles Temperament*[84] Criseyde zu Untreue bewogen. Ihre letzte Reaktion ist ein an Troilus gerichteter Brief. Die verklausulierte Art ihrer Sprache, mit der sie versucht, Troilus hinzuhalten und ihn über den Verrat bewußt im unklaren zu lassen, dabei aber dennoch zwischen den Zeilen ihre Untreue bestätigt und ihn damit zur Verzweiflung treibt, ist große Kunst und erinnert wiederum bereits an die berühmten psychologischen Romane des 19. Jahrhunderts.

Ans Ende seines Epos setzt Chaucer ein eindrucksvolles Bild: Troilus bekommt nach seinem Tode von Merkur die achte Himmelssphäre zugewiesen, von wo aus ihm die Menschenschicksale so klein und unbedeutend erscheinen, daß sie nur ein Gelächter wert sind. Dies läßt an das Gedicht eines anderen «Ironikers» denken, geschrieben ca. viereinhalb Jahrhunderte nach Chaucer:

> Wenn junge Herzen brechen,
> So lachen drob die Sterne,
> Sie lachen und sie sprechen
> Herab aus der blauen Ferne: […]
>
> Wir haben nie empfunden
> Die Liebe, die so verderblich
> Den armen Menschen drunten;
> Drum sind wir auch unsterblich.[85]

Ebenso wenig wie Heinrich Heine damit die Liebe zugunsten der Unsterblichkeit grundsätzlich abwerten will, ist es Chaucers Absicht, mit seiner Geschichte der irdischen Liebe Lebewohl zu sagen, selbst wenn er am Schluß die Mahnung folgen läßt, der Mensch solle sich angesichts menschlicher Unbeständigkeit Gott und Maria zuwenden. Das Entscheidende ist nämlich, daß sich Chaucers künstlerisches Interesse gerade auf die sehr intensive und zugleich bedingte Liebe zwischen Troilus und Criseyde konzentriert. Von ihr ist er fasziniert, sie hat er mit seinem großen Epos sehr eindrucksvoll besungen. Hat nicht auch Dante die tragische Liebe zwischen Paolo und Francesca mit höchster Anteilnahme geschildert, obwohl er sich gezwungen sah, die Liebenden in den zweiten Kreis der Hölle zu versetzen? Zu den Lesern, die von diesem großen Epos besonders berührt waren, gehörte auch William Shakespeare. In intensiver Auseinandersetzung mit diesem Werk entstand sein Drama «Troilus und Cressida», dessen erstaunliche Modernität in unseren Tagen entdeckt worden ist.

Chaucer und
die «guten Frauen»

Wie haben Chaucers Zeitgenossen seine Liebestragödie aufgenommen? Die einen sahen darin eine Warnung vor weiblicher Untreue; die anderen aber, vor allem die Damen des Hofes, meinten, die Natur der Frau sei durch Criseyde schlecht repräsentiert. Offenbar sah sich Chaucer veranlaßt, mit einem neuen Werk, der *Legende der guten Frauen,* auf solche Mißverständnisse zu reagieren. Die *Legende* beginnt mit einem äußerst interessanten Prolog, in dem er gleichsam die Summe seines bisherigen Schaffens zieht. Bei einem Ausflug zu den blühenden Wiesen hat der Dichter einen Traum. Ihm erscheint die antike Alcestis mit einem Kranz von weißroten Blütenblättern als Kopfschmuck. Es sind die Blütenblätter des Maßliebchens, das ihn auf der Wiese so entzückte. Wieder einmal spielt Chaucer mit dem Mythos: Denn in den von Ovid erzählten «Metamorphosen» werden ja menschliche bzw. mythische Wesen u. a. in Pflanzen transformiert. Chaucer aber läßt umgekehrt eine Pflanze, das Maßliebchen *daisy, das Tages-Auge*[86], sich in eine große mythische Frauengestalt verwandeln. Diese Alcestis hat durch ihre Bereitschaft, den eigenen Gatten aus dem Hades zu befreien, Dichter in der humanistischen Tradition von Euripides bis Hugo von Hofmannsthal und Thornton Wilder immer wieder in ihren Bann gezogen. Von ihrer aufopfernden Menschlichkeit ist auch Chaucer hingerissen. Sie tritt in Begleitung des Liebesgottes auf und wird Zeugin der folgenden Szene: Amor/Cupido beschuldigt den Dichter, er habe durch seine Übersetzung des «Rosenromans» und durch sein Epos *Troilus und Criseyde* der Liebe schwer geschadet und sogar vor ihr als einer Torheit gewarnt. Der Liebesgott nennt den «Rosenroman» geradezu eine *Häresie*[87]. Um den Dichter vor harter Strafe zu bewahren, greift nun Alceste ein, indem sie den Liebesgott daran erinnert, daß es ihm am besten anstehe, Gnade vor Recht ergehen zu lassen.

Dieser rätselhafte Prolog spiegelt trotz literarischer Vorbilder sehr interessante Aspekte zeitgenössischer Hofkultur unter Richard II. und seiner aus Böhmen stammenden Gattin Anna wider. Noch zu Lebzeiten Annas und vielleicht durch sie ermutigt, führten die Damen des Hofes in England und Frankreich eine kontroverse Diskussion über die Stellung der Frau in der von Männern geprägten Hofkultur, und sie griffen dabei

Richard II.
Stich von 1791
nach einem
zeitgenössischen
Gemälde in
Westminster Abbey,
London

insbesondere den zweiten «Rosenroman» an, in dem sie eine frauenfeindliche Tendenz zu erkennen glaubten. Man begann, als Gegenreak-
tion auf die Weibersatire das Lob auf die Frauen anzustimmen.[88] In
Frankreich war Christine de Pizan die Wortführerin dieses Protestes: Sie
propagierte die Gleichwertigkeit der Frau und begründete damit ihre
Laufbahn als Schriftstellerin. Es spricht manches dafür, daß ihr Chaucers
dichterisches Werk mit seinem einzigartigen Verständnis für die Situation
der Frau bekannt war, gab es doch immerhin einen lebhaften Austausch
zwischen dem französischen und dem englischen Hof. Christine selbst
unterhielt Beziehungen zum englischen Adel; sie war insbesondere mit
Sir John Montague, dem dritten Earl of Salisbury, befreundet, einem jener lollardischen Ritter, mit denen auch Chaucer verkehrte. Eine Zeitlang gab sie ihren dreizehnjährigen Sohn in dessen Obhut.[89] Denkbar ist
daher ebenfalls, daß auch Chaucer von Christines literarischer Aktivität

57

Christine de Pizan.
Aus einer französischen Handschrift des 15. Jahrhunderts

wußte. Es ist ferner sehr interessant, daß ihr berühmter «Sendbrief vom Liebesgott», der 1399 entstand und der den eigentlichen «Krieg» gegen den «Rosenroman» eröffnete, ebenso wie ihre «Stadt der Frauen» deutliche Ähnlichkeiten mit der *Legende der guten Frauen* aufweist. Ins Englische übertragen wurde dieser Sendbrief von dem Chaucer-Bewunderer Thomas Hoccleve in einer 1400 entstandenen Dichtung. Die Beziehungen von Chaucers Dichtung zur «feministischen» Bewegung liegen somit offen zutage. Aus dieser Perspektive betrachtet, wundert es nicht, daß der Ton, den Alceste gegenüber dem Dichter anschlägt, von einer «feministischen» Siegesgewißheit geprägt ist.[90]

Man darf nun freilich die Begegnung des Liebesgottes mit dem Dich-

Chaucer mit
Maßliebchen.
Miniatur aus
dem späten
16. Jahrhundert

ter nicht als Bericht einer tatsächlich erfolgten öffentlichen Kritik an Chaucer mißverstehen, denn zu sehr greift die im Prolog beschriebene Szene Konventionen höfischer Literatur auf. Doch fest steht, daß Alceste als deutlicher Gegenentwurf zur hoch- und spätmittelalterlichen Frauenverunglimpfung konzipiert ist. Chaucers Alceste überzeugt durch ihre natürliche Souveränität, mit der sie der männlichen Autorität des Liebesgottes, der zugleich königliche Attribute hat, entgegenzutreten wagt und ihn an die humanistischen Ideale erinnert. Dabei fällt auch die Bemerkung: *Ein König und ein Herr von echter Art / Soll kein Tyrann sein, der nach Pächterart / Nur grausam schindet, wo und wie er kann*[91]; es sei die Aufgabe des Königs, sich nicht auf Gerüchte von Neidern und In-

Richard II. und seine Gemahlin Anna von Böhmen.
Grabmal in Westminster Abbey, London. Um 1400

triganten zu verlassen, sondern sich gerecht zu seinem Gefolgsmann zu verhalten. Hinter diesen Worten verbirgt sich eine bei Chaucer selten zu findende Gesellschafts- und Hofkritik: In dem Liebesgott ist unschwer eine Anspielung auf König Richard II. zu erkennen, und bei Alceste möchte man Reminiszenzen an Königin Anna heraushören. Wir wissen, welch bestimmenden Einfluß gerade sie auf die damalige Hofatmosphäre hatte. Mit ihrer einnehmenden, gütigen und kultivierten Persönlichkeit vermochte sie die labile Unreife ihres Mannes wenigstens zum Teil auszugleichen. Es ist schwer vorstellbar, daß der Eindruck, den diese große Frau auf Chaucer gemacht haben muß, sich nicht auch in seiner Dichtung über die guten, das heißt treuen Frauen niedergeschlagen haben sollte. Aber er hat Anna wohl in Alceste nicht direkt symbolisiert, vielmehr sollte Alceste als Idealtyp des Weiblichen die Erinnerung an Anna wachrufen.

Freilich, auch Alceste besteht darauf, daß der Dichter eine Bußleistung erbringt. Es ist ihre Idee, daß er ein propagandistisches Werk, eine Sammlung von Legenden, *Von lebenslänglicher Beständigkeit / Getreuer Frau'n*[92] verfaßt. Alceste und mit ihr die modern gesinnten Damen der Hofgesellschaft sind darum bemüht, die im «Rosenroman» beschriebene männliche Liebe mit dem Ziel der Lusterfüllung durch eine Art «domestizierten» Liebesbegriff zu ersetzen, der in Alceste personifiziert ist.[93] Als Mittel dieser Domestizierung dient die Ehe, weshalb die erzählten «Legenden» auch meist von treuen Ehefrauen handeln. Zum Schluß beauftragt Alceste den Dichter, sein fertiges Werk der Königin persönlich entweder in *Eltham* oder in *Sheen*[94], zwei königlichen Residenzen, zu überreichen. Zur Übergabe des Werkes kam es aber nicht mehr, da die Königin 1394 starb. Daraufhin brach Chaucer offenbar die Arbeit an diesem Werk ab. Den bedeutungsvollen Prolog hat er dann etwas verändert und die direkten Erinnerungen an Anna mit Rücksicht auf Richard getilgt, der unter ihrem Verlust sehr gelitten hatte.

Ohne eigentlichen Widerspruch akzeptiert der Dichter die ihm auferlegte Buße. Er weist lediglich darauf hin, daß es stets seine Absicht gewesen sei, der wahren Liebe zu dienen: *nur treues Lieben / Zu fördern, dacht' ich.*[95] Daher ist zu fragen: Inwiefern erfüllen seine *Legenden der guten Frauen* die im Prolog gestellten Forderungen? Er nimmt sich die geradezu erstaunliche Freiheit, die einzelnen Biographien ausgewählter Frauenschicksale nach seinen Zwecken eines Frauenlobs zu manipulieren, das heißt, er präsentiert Porträts von Frauen, die zwar durch ihre Treue exemplarischen Charakter haben, die damit aber gleichzeitig bewußt auf ein bürgerliches Mittelmaß reduziert werden.[96]

Im Prolog setzt Chaucer seine im *Haus der Fama* begonnene Reflexion über das Wesen der Dichtung fort. Kam es dort darauf an, Dichtung mit konkreter Erfahrung zu verbinden und zugleich Skepsis gegenüber ihrem letztgültigen Wahrheitsgehalt anzumelden, so betont er jetzt, Dichtung

Der Tod von Antonius und Kleopatra. Aus Boccaccios «Des Cleres et Nobles Femmes». 1410. Bibliothèque Nationale, Paris

erhalte einen besonderen Wert gerade dadurch, daß sie die längst vergangene Geschichte für die Nachwelt tradiere. Diese Funktion werde dadurch nicht beeinträchtigt, daß oft keine klare Trennung zwischen wahr und falsch möglich sei: *Doch Gott verhüte, daß jedermann nur, / Was er mit Augen geschaut, ließe gelten. / Man muß nicht alles gleich Lügen schelten, / Was man nicht selbst und Andre nicht gesehn. / Drum müssen Glauben wir den Büchern schenken, / Die unsern Geist auf alte Sachen lenken. / Und müßten wir die alten Bücher missen, / Wär' der Erinnerung Schlüssel uns entrissen; / Drum sollten wir dran glauben und sie ehren, / Wenn anderer Beweise wir entbehren.*[97] Ahnte Chaucer bereits, daß sich bei jedem Versuch zu rekonstruieren, «wie es eigentlich gewesen», immer auch ein Element des Fiktiven einschleicht? Chaucer nimmt hier Gedanken vorweg, wie wir sie etwa bei Anatole France, einem anderen Meister der Ironie, finden. In seiner Erzählung «Blaubarts sieben Frauen» kommt er in Kenntnis der historischen Dokumente zur Einsicht, Blaubart sei «gut und unglücklich» gewesen, sei aber ein Opfer «schändlicher Verleumdungen» geworden. Ihm ging es – nach dieser Beweisführung – nicht besser als Macbeth, «in Wahrheit ein gerechter und weiser König», «den die Legende und Shakespeare mit Verbrechen beluden»[98]. Chaucers sehr «moderne» erzähltheoretische Reflexion wird sogleich in die Praxis umgesetzt durch seine bewußte Manipulation fiktiver und historischer Überlieferung. Sie tritt uns bei seiner Cleopatra, mit der er die Reihe seiner Legenden eröffnet, besonders kraß entgegen. Man fragt sich: War es möglich, eine für die Demonstration seiner These ungeeignetere Frau zu finden, eine Frau, für die Dante nur das Adjektiv «wollüstig»[99] übrig hat? Ihr kommt aber eine wesentliche Bedeutung zu, weil sie im Grunde die einzige historische Figur in dieser Sammlung mythischer Frauenschicksale ist. Chaucer konzentriert nun sein Interesse ausschließlich auf Cleopatras Freitod aus enttäuschter Liebe und verschweigt ihre Liebesaffären, zugleich aber reklamiert der Dichter jedoch für sich *die historische Wahrheit*[100]. Ein biographischer Ausschnitt gilt als repräsentativ für das ganze Leben einer Frau, von der es heißt: *So treu der Liebe* [sei] *keine Königin gewesen*[101]. Christine de Pizan verfährt ganz ähnlich wie Chaucer. Im Falle der Medea etwa unterdrücken beide das Element des leidenschaftlich Bösen in ihrem Charakter, und keine Rede ist von der Grenzenlosigkeit ihrer Rache.

Seine Verfehlung gegen den Liebesgott durch das Epos von Criseydes Untreue macht der Dichter aber nun vor allem wett durch die sehr reizvolle Erzählung von Pyramus und Thisbe. Hier sind es nämlich die detailliert geschilderten äußeren Umstände – die Feindschaft der beiden Väter –, nicht aber männliche oder weibliche Schwäche, die den Anlaß für das tragische Scheitern dieser Liebe bilden. In dieser Geschichte steht auch die Frau dem Mann in nichts nach, sie ist sogar in unbedingter Liebe für ihn zu sterben bereit. Das abschließende Verspaar könnte auch von

Christine stammen: *Wer ihr auch seid, Verliebte, seht: genau, /Was Männer können, wagt und kann die Frau.*[102]

Durch die propagandistisch bedingte Einseitigkeit seiner Frauenporträts sieht sich Chaucer freilich gezwungen, die Männer in Bausch und Bogen abzuwerten und sie als von Natur aus oberflächlich zu charakterisieren; wenn sie von Liebe redeten, hätten sie nur sexuelle Lust im Sinn. Doch aus seinen «Legenden» geht auch indirekt hervor, daß sich der Dichter nur sehr bedingt mit dem im Prolog von Alceste erteilten Auftrag des Frauenlobs zu identifizieren vermag. Für ihn liegt es viel näher, sich von dem Exklusivitätsanspruch der Männer- wie der Frauenpartei zu distanzieren. Und so bemerkt man mehr und mehr, daß auch an diesem Werk ein gerüttelt Maß an Ironie beteiligt ist.[103] Er kann diese Aufgabe nicht allzu ernst nehmen, entspricht es doch seinem Wesen, in der Dichtung wie in der Politik immer auch die gegensätzlichsten Perspektiven zu Wort kommen zu lassen und sich mit keiner Partei völlig zu identifizieren. Gibt er mit Pyramus nicht auch ein Beispiel für männliche Treue? Wieder wird es ganz dem Leser überlassen, sich seine eigene kritische Meinung zu bilden.

Chaucers *Legende der guten Frauen* ist eine durch ein gemeinsames Thema verbundene Sammlung von Erzählungen, die aber – mit Ausnahme des erstaunlichen Prologs – noch nicht in die zeitgeschichtliche Realität eingebettet sind und keine thematische Variation aufweisen; dies wird Chaucer erst in seinem Hauptwerk, den *Canterbury Tales,* gelingen.

Die Welt der «Canterbury Tales»

«Vor Jahrhunderten hätte ein Dichter dieses gesungen?
Wie ist das möglich? Der Stoff ist ja von gestern und heut.»
Goethe über das mittelalterliche Epos «Roman de Renart».

Um 1385/86 erfolgt in Chaucers beruflicher und dichterischer Laufbahn eine markanter Einschnitt. Er gibt das sehr verantwortungsvolle Amt eines Zollkontrolleurs auf, nachdem er sich zuvor bereits erfolgreich um die Bewilligung eines ganztägigen Stellvertreters bemüht hatte. Da Richard II. sich immer tyrannischer verhielt und dadurch eine politische Krise heraufbeschwor, dürfte hinter Chaucers Entschluß auch die Absicht gestanden haben, die engen Bindungen zum König auch nach außen hin sichtbar zu lockern. Denn das politische Leben begann sich zunehmend zu radikalisieren, eine Entwicklung, die mit dem sog. Gnadenlosen Parlament 1388 einen vorläufigen Höhepunkt erreichte, das mehrere Amtsträger und königliche Berater verurteilen und hinrichten ließ. Obwohl sich Chaucer den historischen Bedingungen entsprechend mit der Königspartei solidarisieren mußte, hatte er es immer vermieden, in politische Intrigen hineingezogen zu werden.[104] Er hatte inzwischen auch seine nur ein Jahr während Funktion als Parlamentsmitglied beendet. Obwohl Chaucer einen Versuch zur Distanzierung von der Königspartei machte, wurde ihm sein jährliches Gehalt weitergewährt. Als Konsequenz seiner politischen Analyse zog er nun aufs Land und nahm vermutlich in Greenwich eine Wohnung. *Flieh' vor dem Mob*[105], lautet seine Empfehlung in einem Gedicht. Auch Boccaccio zog das ländliche Certaldo dem intrigenreichen Florenz vor. Doch politisch untätig blieb Chaucer deswegen nicht, sondern er übernahm für die kurze Zeit zwischen 1385 und 1389 die Funktion eines Friedensrichters der Grafschaft Kent, wo seine neue Wohnung lag. Kent war eine sozial unruhige Gegend, und hinzu kam die Furcht vor einer drohenden französischen Invasion. Auch die Tatsache, daß Chaucers Frau 1387 starb, mag seinen Entschluß zum Rückzug aus dem öffentlichen Leben und zur Änderung seines Lebensstils bestärkt haben.

Diesen Rückzug hat Chaucer ganz besonders dazu genutzt, um das

Sitzung des englischen Parlaments in Westminster, Oktober 1399.
Buchmalerei von 1400

Fundament zu seinem größten und letzten Werk – den *Canterbury Tales*
– zu legen. Macht man sich den zeitgeschichtlichen und biographischen
Hintergrund bewußt, so ist es um so erstaunlicher, was für ein Werk hier
entstand. Nach seinem großartigen Epos *Troilus und Criseyde* und der
Legende der guten Frauen wendet er sich mit gesteigertem dichterischem
Selbstbewußtsein einem Werk zu, in dem er vollendet, was ihm bereits
im *Haus der Fama* vorschwebte: die Verbindung literarischer Tradition
mit einer dichterischen Gestaltung der von ihm erlebten Realität. Das
Zielpublikum hat sich inzwischen ausgeweitet. Waren seine früheren
Dichtungen primär für den Hof geschrieben, so beanspruchen seine
Canterbury Tales nun ein universelles Interesse, obwohl die Figuren, die
sein letztes Werk bevölkern, überwiegend dem frühen, sich allmählich
ausbildenden Bürgertum entstammen. Das große Generalthema ist nun
die Schilderung der zentralen menschlichen Probleme und Verhaltensweisen. Und wiederum ist das Werk primär für den mündlichen Vortrag
konzipiert.

Es war eine ebenso naheliegende wie kunstwirksame Idee, als Rahmen
für sein letztes Buch eine Wallfahrt zu wählen. Die Idee einer Wallfahrt
gibt ihm die Möglichkeit, Menschen *Verschiednen Volks*[106] zwanglos zusammenzuführen, sie das Leben durch eine Fülle von wechselnden Per-

spektiven und Kontrasten beurteilen und kommentieren zu lassen und durch dasselbe Ziel zusammenzuhalten. Er beginnt mit einer konkreten Szene im Wirtshaus *Zum Heroldsrock*[107] im Londoner Vorort Southwark. Dort trifft der Wallfahrer Chaucer mit anderen Pilgern zufällig zusammen. Chaucer schildert indes keine konkrete Wallfahrt, auch wenn seine Wohnung an der Pilgerstraße nach Canterbury lag. Allerdings nützt er die Tatsache zu seinen Zwecken aus, daß die Wallfahrt ein wichtiger Faktor nicht nur des religiösen, sondern auch des gesellschaftlichen Lebens war, schon deshalb, weil sie für viele praktisch die einzige Möglichkeit bot, relativ gefahrlos eine längere Reise zu unternehmen. Wir wissen aus Dokumenten, daß solche Wallfahrten sehr gern zur Steigerung vitaler Lebensfreude benutzt wurden – so auch bei Chaucer, und doch: Wie im Mittelalter jede Wallfahrt auch als Symbol für die menschliche Lebensreise zum himmlischen Jerusalem verstanden wurde, so sind sich auch Chaucers Pilger bewußt, daß ihre Reise zum Schrein des hl. Thomas Becket ebenfalls symbolischen Charakter hat. Im Weltverständnis des mittelalterlichen Menschen schließen sich ja karnevalesk gesteigerter Lebensgenuß und der Glaube an eine göttliche Bestimmung des Menschen keineswegs gegenseitig aus. Man versteht die faszinierenden *Canterbury Tales* erst richtig, wenn man sich bewußtmacht, daß das Mittelalter die moderne strenge Unterscheidung zwischen einer spirituellen und einer weltlichen Sphäre nicht kennt und daß die gleichen Bilder und semantischen Zeichen eine profane wie auch eine religiöse Bedeutung annehmen können. Umberto Eco hat dies in seinem Roman «Der Name der Rose» einem breiten Leserkreis deutlich zu machen versucht. Auch heute noch liegt übrigens gerade im Begriff der Reise eine metaphysische Komponente: Jede Reise ist zugleich Abschied und damit eine

Mittelalterliches Wirtshaus. Aus den «Smithfield Decretals». Frühes 14. Jahrhundert

Metapher des Todes.[108] Bei Chaucer freilich entsteht in der zufälligen Gemeinschaft der Wallfahrer etwas Neues, Lebendiges, Vitales: die Solidarität der auf dem Weg Befindlichen; denn der irdische Weg des Menschen, das ist es, was ihn, einen Vorläufer der Renaissance, interessiert.

So wundert es uns nicht, daß Chaucer in den unvergleichlichen Eingangsversen des «Allgemeinen Prologs», einem der bekanntesten Texte der englischen Dichtung überhaupt, einen Zusammenhang herstellt zwischen dem Entschluß der Menschen zur Wallfahrt und dem Frühlingserwachen der Natur sowie der menschlichen Vitalität, nicht zuletzt auch der Sexualität. Man unternimmt die Reise als Dankwallfahrt für die Heilung schwerer Krankheiten. Der Grundtenor ist optimistische Daseinsfreude aus der Erfahrung einer letzten Geborgenheit in der Natur und – unausgesprochen – in Gott. Unnachahmlich, wie in den einleitenden 18 Zeilen durch den Rhythmus der Verse, die große Satzspannung, die bildhafte Anschaulichkeit der Sprache und die feine Detailbeobachtung das Wiedererwachen neuer physischer und spiritueller Kräfte dichterisch vermittelt wird und wie Chaucer dabei die beliebte Konvention, eine Dichtung mit einem sogenannten Natureingang zu eröffnen, weit hinter sich läßt. Beim Lesen des originalen Zitats halte man sich vor Augen, daß das Mittelenglische noch weitgehend nach der Schreibung gesprochen wurde:

Whan that Aprill with his shoures soote
The droghte of March hath perced to the roote,
And bathed every veyne in swich licour
Of which vertu engendred is the flour;
Whan Zephirus eek with his sweete breeth
Inspired hath in every holt and heeth
The tendre croppes, and the yonge sonne
Hath in the Ram his half cours yronne,
And smale foweles maken melodye,
That slepen al the nyght with open ye
(So priketh hem nature in hir corages),
Thanne longen folk to goon on pilgrimages,
And palmeres for to seken straunge strondes,
To ferne halwes, kowthe in sondry londes;
And specially from every shires ende
Of Engelond to Caunterbury they wende,
The hooly blisful martir for to seke,
That hem hath holpen whan that they were seeke.

Wenn milder Regen, den April uns schenkt,
Des Märzes Dürre bis zur Wurzel tränkt,
Und badet jede Ader in dem Saft,
So daß die Blume sprießt durch solche Kraft;

Wenn Zephyr selbst mit seinem milden Hauch
In Wald und Feld die zarten Triebe auch
Erweckt hat und die Sonne jung durchrann
Des Widders zweite Sternbildhälfte dann,
Wenn kleine Vögel Melodien singen,
Mit offnen Augen ihre Nacht verbringen
– So stachelt die Natur sie in der Brust –:
Dann treibt die Menschen stark die Wallfahrtslust,
Und Pilger ziehn zu manchem fremden Strand,
Zu Heiligen, berühmt in fremdem Land;
Besonders sieht aus Englands Teilen allen
Man freudig sie nach Canterbury wallen,
Dem segensreichen Märtyrer zum Dank,
Der ihnen half, als sie einst siech und krank.[109]

Mit einer Anspielung auf diese Verse wird T. S. Eliot sein großes Gedicht «Das wüste Land» beginnen. Dort wird es dann heißen: «April ist der grausamste Monat, er treibt/Flieder aus toter Erde, er mischt/Erinnern und Begehren, er weckt/Dumpfe Wurzeln mit Lenzregen»[110], denn das Wiedererwachen der Natur läßt die geistige Sterilität des modernen Menschen nur um so deutlicher hervortreten.

Der Allgemeine Prolog

Der Allgemeine Prolog konfrontiert uns sodann mit einer großen Zahl von sehr eindrucksvollen Porträts der einzelnen Pilger. Diese bilden einen repräsentativen Querschnitt der spätmittelalterlichen Gesellschaft, auch wenn der Hochadel, der Hof und der hohe Klerus ebenso wenig wie die Leibeigenen und Landarbeiter (mit Ausnahme des idealisierten Pflügers) vertreten sind. Wir finden Vertreter aus jenen Gesellschaftsschichten, die tatsächlich auf Gruppenwallfahrten zu finden waren. Den höchsten Rang nimmt der Ritter mit seinem Knappen ein, danach folgt die Priorin, die nicht nur wegen ihres geistlichen Amtes, sondern auch wegen ihrer wohl adeligen Herkunft einen besonderen Platz verdient, gefolgt von dem ebenfalls prominenten Mönch. Den Großteil der Pilger stellen indes die Vertreter des Londoner Bürgertums.

Bei der Betrachtung von Chaucers «Porträtgalerie» steigen wir die soziale Stufenleiter hinab: Am Schluß werden als niedrigste Berufe die des Müllers und des Gutsverwalters vorgeführt. Danach bleiben – abgesehen vom Landvogt – nur noch der Kirchenbüttel und der Ablaßkrämer, Figuren, die sich aus der Gesellschaft isoliert haben und die bereits als Kriminelle zu bezeichnen sind. Wir erkennen an dieser sozialen Differenzie-

rung der Pilger Chaucers Absicht, ein großes Panorama der mittelalterlichen Gesellschaft zu entfalten. Dabei scheint noch die ältere Einteilung
in die drei Klassen Ritter, Geistliche und gemeine Bauern durch. Für jede
dieser Klassen offeriert Chaucer ein Idealbild: Ritter, Landpfarrer und
Pflüger. Gerade durch diese Idealbilder bringt er dem Leser zum Bewußtsein, wie sehr die Gesellschaft bereits korrumpiert erscheint durch
eine maßlose Hab- und Konsumgier, von der selbst der Klerus nicht ausgenommen ist. Auf weite Strecken verfolgt Chaucer eine zeitkritisch-sa-
tirische Intention. Wir haben in jüngster Zeit die einzelnen Porträts als
große Beispiele mittelalterlicher Ständesatire sehen gelernt[111]; denn die
meisten Figuren sind typische Vertreter ihres Standes und werden durch
ihre berufliche Tätigkeit sowie durch ihre äußere Erscheinung charakterisiert. Allerdings sind die Porträts zugleich auch mehr als bloße Ständesatire. Was nämlich den eigentlichen Reiz dieser unvergeßlichen Miniaturen ausmacht, ist die äußerst lebendige, mit viel Ironie und Komik
durchsetzte Art, mit der sie gezeichnet sind. Der Dichter folgt dabei keinem starren Darstellungsschema und setzt sich insbesondere über rheto-
rische Vorgaben für eine Figurenbeschreibung souverän hinweg, ohne
dabei je den Eindruck kunstloser Willkür zu erwecken. Er konzentriert
sich oft auf eine herausragende Eigenschaft. Auch zieht er es gelegentlich
vor, uns die Pilger nicht einzeln, sondern in Gruppen zu zeigen. So sehen

Pilger bei der Mahlzeit. Aus Wynkyn de Wordes Ausgabe der
«Canterbury Tales». 1498

Die Wallfahrer auf dem Weg nach Canterbury. Aus John Lydgates Troja-Buch und Geschichte Thebens. Miniatur aus dem 16. Jahrhundert

wir etwa den Gutsverwalter, Landvogt und Müller zusammen auftreten; der letztere führt die Gruppe auf seinem Dudelsack blasend zur Stadt hinaus, während der Landvogt, seinem mißtrauischen Wesen entsprechend, hinterdrein reitet. Wenn sich Chaucer nun bewußt gerade in diese Gruppe von Vertretern wenig honoriger Berufe einordnet, so erreicht er damit einen Effekt köstlicher Selbstironisierung.

Ein sehr wichtiger Grund für die eindrucksvolle Lebendigkeit dieser Porträts besteht darin, daß die Figuren nicht lediglich ihren Stand repräsentieren, sondern daß wir zugleich jeweils ein interessantes Individuum vor uns zu sehen glauben. Schon der Ritter, mit dem die Reihe der Miniaturen eröffnet wird, ist ein außergewöhnlicher Vertreter seines Standes, der sich ebenso durch besondere Tapferkeit wie durch Edelmut auszeichnet. Sein asketischer Charakterzug schlägt sich auch äußerlich, etwa in seinem Rock *aus grobem Barchent*[112], nieder. Überhaupt erzielt Chaucer die Individualisierung der Figuren durch seine vielbewunderte Kunst,

einzelne charakterisierende Details in die Porträts einzufügen. Sie werden als sichtbare Zeichen für eine bemerkenswerte Eigenschaft ihres
Trägers offeriert; was sie freilich für das Charakterbild der jeweiligen
Person aussagen, muß vom Leser selbst erschlossen werden. Die Priorin
etwa, die vom Wirt mit ausgesuchter Höflichkeit behandelt wird, bezeugt
durch ihr höfisches Gebaren, insbesondere durch ihre Tischmanieren,
daß sie vor ihrem Eintritt ins Kloster in aristokratischer Umgebung
aufwuchs: *Beim Essen war sie überaus beflissen, / Daß ihr vom Munde
fielen nicht die Bissen, / Nie taucht' die Finger in die Soß sie ein; / Schön
nahm den Bissen sie und hielt ihn fein, / Daß nie ein Tropfen auf die Brust
ihr fiel; / Denn feine Sitte war ihr höchstes Ziel. / Die Oberlippe wischte sie
so rein, / Daß, wenn sie trank, nicht der geringste Schein / Von Fett zu sehen
war an dem Pokal. / Sehr anmutsvoll griff sie nach ihrem Mahl. / Sie war
gewiß von liebenswerter Art, / Stets heiter, freundlich, im Verhalten
zart, / Bemühte ständig sich, zu imitieren / Den Hofton und durch stattliche
Manieren / Als würdevoll zu gelten und geachtet.*[113] Wenn auf ihrer Brosche das Vergilsche Motto *Amor vincit omnia (Alles bezwingt die
Liebe)*[114] zu lesen ist, so kann dies als Zeichen gewertet werden, daß sich
die Priorin mit Namen *Madam Eglantine*[115] noch nicht völlig von der Welt
gelöst hat. Es ist jedoch ebensogut möglich, den Wahlspruch auch im Hinblick auf die mystische Minne zu Christus zu verstehen. Über die wahre
Bedeutung dieses Details werden wir vom Dichter somit absichtlich im
unklaren gelassen. Der Erzähler beschreibt seinen Eindruck von dieser
Priorin durchaus mit Sympathie, was aber einen feinen ironischen Un-
terton nicht ausschließt. In seiner Schilderung erhält nämlich auch das

William Blake:
Die Wallfahrer.
Um 1810. British
Museum, London

Unausgesprochene Relevanz, und dadurch rückt ihr Wesen in ein eigentümliches Zwielicht. Wenn es etwa heißt, sie spreche das vorzügliche Französisch, wie es in der Schule einer englischen Kleinstadt gelehrt wurde, so impliziert dies, daß ein reines Französisch zu sprechen ihre Fähigkeiten überstieg. Sie wird als hochsensible Frau beschrieben *(Sie war ganz Zartgefühl und weiches Herz*[116]*),* doch veranschaulicht der Erzähler ihr *Gewissen*[117] nur durch ihre ausgeprägte Tierliebe, im besonderen durch die Sorge um ihre Hunde, denen sie bestes Fleisch und Brot vorsetzt. Da der Leser nichts über ihre Gedanken erfährt, wird er neugierig auf diese Priorin, und er ist gespannt, ob er später, wenn sie mit der Erzählung ihrer Geschichte beginnt, genaueren Aufschluß über sie erhält. Jedenfalls bleibt schon bei dieser Wallfahrerin die Realität – und dies ist bezeichnend – hinter dem christlichen Vollkommenheitsideal zurück.

Scherz, Satire, Ironie...

Mit fortschreitender Lektüre des Allgemeinen Prologs verstärkt sich der Eindruck, daß die Porträts ironisch gefärbt sind, weil die menschlichen Schwächen in den Vordergrund treten. Wir sehen dies schon sehr ausgeprägt beim Mönch, der als *ganzer Mann*[118] ebenfalls eine kleine Priorei zu verwalten hat, die ihn aber, den verkappten Landedelmann, wenig interessiert. Es stört ihn nicht, daß nach einem damaligen Sprichwort ein

73

Mönch außerhalb seines Klosters wie ein Fisch ohne Wasser sei. Er zieht es vor, auf die Jagd zu gehen, wobei er nicht nur das Wild, sondern auch schöne Frauen im Visier hat, wie aus versteckten ironischen Andeutungen hervorgeht. Wie sich später zeigt, hat er auch dichterische Interessen. Sein Porträt ist nicht unähnlich dem Mönch Rinaldo in Boccaccios «Decameron» (VII, 3).

Im Bild des ebenfalls mitreitenden Bettelmönchs werden erstmals die Laster der Unzucht und Habgier, wie sie sich besonders kraß gerade beim Klerus zeigten, offen angesprochen. Der Bettelmönch ist nämlich überall da, wo es etwas zu holen gibt; selbst einer Witwe, die nicht einmal mehr ein Paar Schuhe besitzt, knöpft dieser *wackre Mönch*, dessen Augen *wie die Sterne in frostiger Nacht funkeln*,[119] noch einen Heller ab. Gerade beim Klerus kann Chaucers von verstehendem Humor begleitete Ironie in beißende Satire umschlagen, wenn er den Erzähler in seiner Porträtierung des Bettelmönchs fortfahren läßt mit der Bemerkung, er mache um Aussätzigenhäuser stets einen Bogen, denn für einen so ehrenwerten Mann zieme es sich nicht, sich *mit solchem Pack*[120] abzugeben. Seine «Vorzüge», so heißt es zusammenfassend, liegen gerade in der konsequenten Vermeidung seiner beruflichen Pflichten.

Der große Anteil der Geistlichkeit an den Porträts ist schon oft bemerkt worden. Chaucer läßt es indes nicht bei einer satirischen Demaskierung ihrer Vertreter bewenden, sondern bietet darüber hinaus dem Leser in dem mitreitenden Dorfpfarrer auch das Idealbild eines Geistlichen, der zusammen mit seinem Bruder, einem armen Pflüger, die Nachfolge Christi im Sinne der «Devotio moderna» praktiziert. Arm an Besitz, doch erfüllt von christlicher Nächstenliebe, versucht der Pfarrer zuerst mit seinem eigenen Beispiel tätig zu verwirklichen, was er von der Kanzel herab seiner Gemeinde predigt. Er macht sich die biblische Frage zu eigen: *Wenn Gold verrostet, was tut Eisen dann?*[121] Gerade dieses Idealbild eines Priesters bedeutet eine der schärfsten Chaucerschen Kommentare zur Situation der Kirche, und man wird unweigerlich an die Kirchenreformbestrebungen eines John Wyclif und seiner Anhänger, der sogenannten Lollarden, erinnert. In welchem Verhältnis Chaucer freilich zu den Lollarden stand, läßt sich nicht exakt bestimmen.

Nachdem die fast gänzliche Verfallenheit des Klerus an das materialistische Gewinnstreben zur Sprache gekommen ist, richtet sich das Interesse auf die Vertreter des frühkapitalistischen Bürgertums. Am Kaufmann beschreibt der Erzähler zunächst das auffälligste, sinnliche Detail, das ihm als Wesensmerkmal in die Augen springt: seinen teuren flandrischen *Biberhut*[122]. Darauf läßt er den Hinweis folgen, daß der Kaufmann immer nur an seine Geschäfte und an die Möglichkeit weiteren Gelderwerbs denkt. Der Rechtsgelehrte wird durch eine einzige knappe Formulierung bereits in seiner ganzen Besonderheit treffend charakterisiert: *Er war geschäftig stets und schien sogar / Beschäftigter als er es wirklich*

Der Kaufmann.
Aus der Ellesmere-Handschrift.
Huntington Library,
San Marino/Cal.

Der Arzt.
Aus der Ellesmere-Handschrift.
Huntington Library,
San Marino/Cal.

war.[123] Der Gutsherr, ebenfalls ein dem Diesseits zugewandter Mann von
sanguinischem Temperament, hat in seinem Haus eine Überfülle an Essen
und Trinken *(Es schneit' nur so bei ihm von Trank und Speise);*[124] doch
genießt er nicht wahllos, sondern wahrt eine sinnvolle Diät. Als *ein echter
Sohn des Epikur*[125] ist er darauf bedacht, einen Zustand des *Glücks*[126]
im Leben zu erreichen. Er gehört als Gutsbesitzer dem niederen Adel an.
Auch der mitreisende Arzt ist ein wahrer Repräsentant seines Standes,
versiert in der gesamten Heilkunst und vertraut mit den großen medizinischen
Autoritäten der Antike und des Mittelalters, doch kennt er, heißt
es in einem Nachsatz voll feiner Ironie, kaum die Bibel. Da er eine rein
praktische Auffassung von seinem Beruf hat, liebt er auch das Gold besonders;
er verschreibt es nämlich, so fährt der Erzähler ironisch fort, vor
allem gern als Medizin (in Form des «aurum potabile»), um dann eine
hohe Rechnung stellen zu können. Die Pestepidemie, die nach der Lehre
der Kirche zum Anlaß bußfertiger Einkehr genommen werden sollte,
diente ihm hauptsächlich dazu, sich zu bereichern. Auch pflegte er sich
mit dem Apotheker – zu beiderseitigem Vorteil – zusammenzutun. Ärztliche
Geldschneiderei war überhaupt ein beliebtes Thema der Ständesatire.

Wir haben uns inzwischen weit entfernt vom Bild des Ritters, der die

75

Der Ritter.
Aus der Ellesmere-Handschrift.
Huntington Library,
San Marino/Cal.

Die Frau aus Bath.
Aus der Ellesmere-Handschrift.
Huntington Library,
San Marino/Cal.

Reihen der Miniaturen eröffnete und der als Vertreter eines für die Ideale von *wahrer Treue, Ehre, Freiheit und Courtoisie*[127] wirkenden Standes fraglos akzeptiert wurde. Allerdings befinden wir uns, wie bereits erwähnt, in einer Zeit, wo die Ritterideale zu verblassen beginnen und zum Teil bereits pervertiert erscheinen. So läßt sich bei Chaucer auch eine gewisse Übertreibung nicht übersehen, mit der er die Vorzüge seines Ritters allzu oft benennt und sein Engagement für die zahlreichen Schlachten beschreibt, an denen er um des Glaubens willen teilnahm: *In Todesschlachten, fünfzehn an der Zahl/In Tlemcen im Turnier focht er dreimal/Für unsern Glauben und erschlug den Feind.*[128] Auch dem Kreuzzug nach Litauen hat er sich angeschlossen. Es ist dabei durchaus möglich, daß Chaucer Kenntnis hatte von der brutalen Gewalttätigkeit, mit der die Deutschordensritter bei der Missionierung Litauens gegen die Bauern vorgingen.[129] Wenn Chaucer als Pilger später selbst seine Stimme erhebt, läßt er in seiner Erzählung die These vertreten, Kriege und Schlachten seien als sinnlos zu vermeiden; Friede müsse das höchste Ziel sein. Damit gibt er dem Leser die subversive Möglichkeit, auch den Ritter nicht ohne eine gewisse kritische Distanz zu beurteilen. Dennoch bleibt er, wie gesagt, für die Wallfahrer eine unbestrittene moralische Autorität.

Der Müller.
Aus der Ellesmere-Handschrift.
Huntington Library,
San Marino/Cal.

An der Wallfahrt nach Canterbury nehmen nur wenige Frauen teil; ja, außer der Priorin und der sie begleitenden Nonne reist nur noch eine weitere Frau in dieser Männergesellschaft, doch was für eine Frau! Sie wird im Prolog nur vorläufig eingeführt, denn ihrem Charakter entspricht es, sich später ausgiebig selbst vorzustellen, bevor sie zu ihrer Erzählung ansetzt. Als verheiratete Frau repräsentiert sie im Mittelalter einen eigenen Stand. Alles, was über sie berichtet wird, wirkt übersteigert und dient dazu, ihr stark entwickeltes Selbstbewußtsein zu unterstreichen, das es ihr erlaubt, sich in einer Männerwelt zu behaupten. Sie hat bereits fünf Ehemänner erlebt und war schon dreimal in Jerusalem. Doch nicht religiöse, sondern amouröse Gründe hatten sie zur Wallfahrt veranlaßt. Sie versteht sich auf die Tuchweberei und hat es nie geduldet, daß eine andere Frau bei der Messe vor ihr den Opfergang zum Altar antrat. Ihre ungebrochene Vitalität zeigte sich dem mittelalterlichen Leser auch an ihren auseinanderstehenden Zähnen, sie kommt aber noch deutlicher in ihrer Vorliebe für aufreizend rote Reithosen zur Geltung, die mit ihrer straffen Schnürung ihre attraktiven Körperformen betonen. Bei alledem besitzt sie einen hellwachen Intellekt, mit dem sie sich mühelos zu behaupten weiß.

Zieht uns diese Frau aus Bath mit ihrer Sinnesfreude sogleich in ihren Bann, so ist die physische Kraft des Müllers von wesentlich gröberer Art. Er ist, so erfahren wir, ein ziemlich ungeschlachter Koloß, der jede Tür aufzubrechen oder mit dem Kopf einzurennen imstande ist. Sein roter Bart und seine breite Nase sind Zeichen leichter Erregbarkeit. Daraufhin geht der Erzähler sozusagen ganz dicht an diese grobschlächtige Figur heran, um uns gleichsam in einer Naheinstellung ein winziges, aber charakteristisches Detail zu zeigen: Seine Nasenspitze krönt eine Warze, aus der einige Haare herauswachsen, was beim Erzähler die Assoziation eines Schweineohrs erweckt. Diese Assoziation ist zutreffend, denn wie der Erzähler fortfährt, handelt es sich bei ihm um einen derb-sinnlichen Menschen. Alles, was wir über seine handwerklichen Fähigkeiten hören,

Der Ablaßhändler.
Aus der Ellesmere-Handschrift.
Huntington Library,
San Marino/Cal.

ist der Hinweis auf die im Mittelalter sprichwörtliche Dieberei der Müller: *er stahl Korn* [und] *erhob / Den Mahlsatz dreifach.*[130]

Indem Chaucer die Skala menschlicher Verfehlungen tiefer hinabsteigt, begegnen wir mit dem Kirchenbüttel und dem Ablaßkrämer zwei ausgesprochen perversen Figuren. Der Kirchenbüttel zieht die Aufmerksamkeit auf sich insbesondere durch sein feuerrotes Gesicht, entstellt durch viele kleine Geschwüre, die von einer venerischen Krankheit herrühren. Auch er, von dem es heißt: *Er war ein schöner Schurke voller Sünden / Ein beßrer Bursche läßt sich wohl nicht finden*[131], steht in schroffem Gegensatz zu seinem Amt, das er ausübt: Er hat die Gesetzesübertreter zu den Kirchengerichtsterminen vorzuladen. Sein intimer Freund ist der feminin wirkende Ablaßkrämer, der mit einem Liebeslied auf den Lippen daherreitet. Der Erzähler schließt die Vermutung an, er sei ein Eunuch oder ein Homosexueller gewesen. Was die beiden verbindet, ist nicht nur eine offenbar erotische Beziehung, sondern vor allem die allgegenwärtige Gier nach Geld.

Chaucers Erzählkunst

Die Vorstellung der Figuren im Allgemeinen Prolog dient der Vorbereitung auf ihre spätere Funktion als Erzähler von Geschichten. Der Wirt Harry Bailly, ein sympathisch selbstbewußter, optimistischer und mit viel «common sense» ausgestatteter Vertreter des Bürgertums, schlägt das Geschichtenerzählen als Zeitvertreib auf der Reise vor: *Denn, kurz und gut, es handelt sich darum, / Daß jeder von euch, um den Weg zu kürzen, / Die Reise soll mit zwei Geschichten würzen, / Zwei auf dem Weg nach Canterbury hin / Und zwei erzählen, wenn wir heimwärts ziehn, / Von Abenteuern, die einst vorgefallen.*[132] Wer als Sieger aus dem Wetterzählen hervorgeht, dem sollen die anderen eine Mahlzeit als Preis spendieren.

In der Forschung ist eine heftige Diskussion darüber entbrannt, ob bzw. inwiefern die Geschichten dazu bestimmt sind, ihre jeweiligen Erzähler näher zu charakterisieren. Heute wird von den meisten Interpreten die Ansicht geteilt, daß die Erzählungen selbst im Mittelpunkt stehen und daß sie nicht so sehr als Charakterenthüllungen ihrer jeweiligen Erzähler gelesen werden sollten.

Ein vergleichender Blick auf Boccaccios berühmtes «Decameron» vermag uns indes zu verdeutlichen, daß Chaucers *Canterbury Tales* weit mehr sind als eine großartige Sammlung von Erzählungen, eingeleitet durch eine Reihe von Porträts einzelner ständischer Vertreter. Unseres Erachtens hat Chaucer das «Decameron» gekannt; dort finden wir einen lockeren Rahmen, der die Geschichten von List, Lust

Chaucer als Wallfahrer.
Aus der Ellesmere-Handschrift.
Huntington Library,
San Marino/Cal.

und Liebe in einer moralfreien Welt als Sammlung zusammenhält: Florentiner Adelige flüchten vor der Pest aufs Land und vertreiben sich dort die Zeit bis zum Abflauen der Seuche mit dem Erzählen von Geschichten. Aber die Figuren sind nicht scharf durch eine individuelle Charakterisierung voneinander abgegrenzt; und nur selten, wie im Falle des witzigen Dioneo, spiegelt sich die Eigenart einer Figur auch in den von ihr erzählten Geschichten.

Zu Chaucers Konzeption seines letzten großen Werkes gehörte es im Gegensatz dazu von vornherein, jeden Pilger eine zu ihm passende Geschichte erzählen zu lassen, ein Zusammenhang, auf den der Dichter uns schon früh aufmerksam macht.[133] Auch wenn nicht jede Geschichte eine enge Beziehung zu ihrem Erzähler aufweist und der Text ein Fragment geblieben ist, strebt Chaucer doch stets zumindest eine lockere Korrespondenz zwischen Erzähler und Erzählung an. Die Geschichten dürfen daher nicht von ihrem Kontext isoliert betrachtet werden; sie entsprechen meist der Weltsicht oder dem sozialen Status des je erzählenden Pilgers. Auf diese Weise erreicht Chaucer eine einzigartige Perspektivenvielfalt in seinem Werk. Sie wird durch die Wahl der verschiedensten literarischen Gattungen, die im Mittelalter üblich waren, noch verstärkt, und für alle Gattungen werden unübertreffliche Meisterleistungen geboten. Doch auch dies genügt Chaucer noch nicht; er führt darüber hinaus die Figur des wallfahrenden Chaucer ein, der alle Geschichten gehört zu haben und sie genauestens wiederzugeben vorgibt (ein Anspruch, den übrigens auch Boccaccio erhebt). Dieser Pilger ist indes weder eine rein fiktive Erzählerfigur, noch ist er mit Chaucer völlig identisch: er ist und ist nicht Chaucer.[134] Die Beschreibung seiner Person, die der Wirt Harry Bailly von ihm gibt, ist nur einigermaßen zutreffend: *Von Leibesumfang ist er ganz wie ich; / Er muß für jede Frau wohl, schmuck und fein, / Ein wahres Püppchen zum Umarmen sein. / Doch etwas Fremdes liegt in seinen Zügen, / Mit niemand scherzt er, um sich zu vergnügen.*[135] Wir beobachten, wie sich der Pilger Chaucer von allem, was er sieht und erlebt, ergriffen zeigt; selbst menschliche Verfehlungen sind davon nicht ausgenommen. Doch andererseits läßt er – wie der Dichter – keinen Zweifel an seiner moralischen Position und an der ironischen und satirischen Färbung der Erzählung seiner «Erlebnisse».

An den großen Höhepunkten des Werkes vervollständigt sich die Charakterisierung eines Wallfahrers durch seine Erzählung oder auch durch einen seine Erzählung einleitenden Prolog. Angesichts ihres Perspektivenreichtums und ihrer «dramatischen» Struktur verbietet es sich freilich, in dieser Dichtung nach letztgültigen Aussagen und Urteilen zu suchen. Die einzelnen Erzählungen stehen vielmehr in enger Verbindung zueinander und kontrastieren bzw. relativieren dadurch auch ihre jeweiligen Aussagen. So können gerade aus derartigen Kontrastierungen auch neue Einsichten entstehen. Chaucer interessiert nicht primär das sakrale Ereignis der Wallfahrt, sondern was die verschiedenen Pilger für erzählenswert finden und nicht zuletzt, w i e sie es erzählen. Er besitzt nämlich ein hochentwickeltes Sprachbewußtsein und läßt die Figuren in den verschiedensten Sprachstilen sprechen. Und es geht ihm zugleich um die Möglichkeiten und Grenzen der Sprache, nicht zuletzt auch um die Gefahr ihres Mißbrauchs. Diesem Problem ist eine ganze Erzählung, nämlich jene, die der Verwalter zum besten gibt, gewidmet. Als er berichtet, wie ein gewisser Phoebus von seiner Frau betrogen wird, die heimlich mit ihrem *Liebling* Kontakt aufnimmt, unterbricht er sich, um sich zu korrigieren: *Dieser Ausdruck klingt nicht fein! / Ich bitte euch, das Wort mir zu verzeihn. / Lest es bei Plato nach, der gibt den Rat: / ‹Das Wort muß völlig stimmen zu der Tat›. / Will eine Sache man genau erzählen, / Muß man das Wort verwandt der Handlung wählen.*[136] Worauf Chaucer hier anspielt, ist die in Platons «Kratylos» untersuchte Frage nach der Wesensverwandtschaft von Wort und Sache. Inwiefern drückt die Sprache, so fragt der Erzähler weiter, einen Sachverhalt in adäquater Weise aus? Warum wird eine Frau aus hohem Stande weiterhin *Dame* genannt, auch wenn sie *ihren Körper übergibt der Schande,* während eine einfache Frau mit demselben lockeren Lebenswandel als *Dirne*[137] bezeichnet wird?

Das dramatische Strukturprinzip, von dem bereits die Rede war, manifestiert sich auch im Verhalten der Wallfahrer zueinander während der Erzählpausen. In den verbindenden Passagen (den sog. links) und den Prologen kommt es immer wieder zu Auseinandersetzungen, Animositäten und Konflikten zwischen einzelnen Pilgern, was den «Realismus» dieses Werkes noch intensiviert. Insgesamt betrachtet, sind die *Canterbury Tales* eine große «comédie humaine» (auch wenn tragische Erfahrungen nicht ausgespart werden), eine Komödie freilich nicht im neuzeitlichen Sinne, sondern im ursprünglichen

Pilger-Abzeichen vom Schrein des hl. Thomas. 14./15. Jahrhundert

Wortverständnis als Darstellung menschlicher Lebens- und Verhaltensweisen.

Fast ließe sich sagen, es ist kein Zufall, daß die *Canterbury Tales,* vordergründig betrachtet, ein Fragment geblieben sind. Der Wirt Harry Bailly hatte ja vorgeschlagen, jeder solle auf der Hin- und Rückreise je zwei Geschichten erzählen, die entweder mehr *der Erbauung oder der Unterhaltung*[138] dienen sollen. Die meisten Pilger – insgesamt 34 an der Zahl – erhalten Gelegenheit für nur eine Erzählung, und nicht einmal alle kommen zu Wort – denn wir haben nur 24 Geschichten. Doch muß Chaucers Plan ja nicht dem Vorschlag des Wirts entsprochen haben. Und wenn dies der Fall war, dann setzte sich im Lauf der Arbeit an dem Werk die sinnvollste Idee durch: die Erzählungen bleiben auf die Hinreise beschränkt, weil sie nur hier sinnvoll sind, denn eine Wallfahrt erfüllt sich mit ihrer Ankunft am Ziel; die Rückreise beansprucht demgegenüber kein weiteres Interesse.[139] Seine Abrundung erhält das Werk durch die Bußpredigt des Pfarrers, die beweist, daß die *Canterbury Tales* trotz ihrer Perspektivenvielfalt und ihrer kontrastierenden Lebenserfahrungen dennoch keinem moralischen Relativismus das Wort reden.

Des einen Freud, des andern – Tod

So beginnt auch nicht von ungefähr der Ritter den Reigen der Erzählungen. Zwar wird der erste Erzähler nach dem Vorschlag Harry Baillys durch das Los bestimmt, doch dahinter wird zweifellos Chaucers ord-

Arcite, Emilia und Palamon beten zu den Göttern Mars, Diana und Venus.
Aus einer französischen Übersetzung von Boccacios «Teseida». Etwa 1455

nende Hand sichtbar, denn keiner ist wie der Ritter befugt, das Erzähl-
spiel zu eröffnen. Er wählt eine ihm gemäße aristokratische Geschichte,
das vollkommene Muster einer mittelalterlichen Versromanze. Da sie im
antiken Athen, also an der Wiege abendländischer Kultur, spielt, hätte
keine andere besser an den Anfang gepaßt. In diesem betont heidnischen
Rahmen widmet sie sich indes dem Grundproblem menschlicher Existenz, der Frage nach dem Verhältnis von Freiheit, schicksalhafter Notwendigkeit und Vorherbestimmung.

Zwei junge Ritter verlieben sich in dieselbe Dame. Der human gesinnte Herrscher Theseus setzt ein Turnier fest, dessen Sieger dann die
Dame als Preis erhalten solle; beim Turnier sei aber darauf zu achten, daß
keine Gewalt angewendet werde. Beide Ritter, Arcite und Palamon, beten jeweils zu ihrer Lieblingsgottheit, Mars und Venus, um Hilfe und Bei-
stand. Tatsächlich verleiht Mars dem Arcite auch den Sieg; dieser stürzt
allerdings durch ein von Saturn verursachtes Erdbeben vom Pferd und
stirbt, noch bevor er seinen Preis erhalten kann. Daher kann Palamon,
obwohl er der Verlierer ist, die Hochzeit mit Emilia feiern. Der Mensch
erscheint hier dem Einfluß der Planeten, die ja die Namen antiker Götter

tragen, ausgeliefert. Dennoch geht aus dieser Romanze kein astraler Determinismus hervor, erklärt doch Theseus, der sich ganz auf die Philosophie des Boethius stützt: «*Der erste Urgrund allen Seins dort oben, / Als er der Liebe Kette hat gewoben, / Hat hohen Sinn und Zweck damit vereint. / Er wußte wohl, was er dabei gemeint; / Denn mit der schönen Liebeskette band / Er dauernd Wasser, Feuer, Luft und Land / Unwandelbar und fest an ihren Ort. / Derselbe Fürst und Lenker*», fuhr er fort, / «*Hat zugeteilt in dieser Welt voll Trauer / Begrenzte Tage und bestimmte Dauer / Für alle, die geboren sind auf Erden, / Und diese können nicht verlängert werden, / Wiewohl die Tage man verkürzen kann.* [...] *Auch nützt es keinem Wesen, das da lebt, / Was es auch sei, wenn es dem widerstrebt. / Sehr weise ist's, so hab ich stets gedacht, / Wenn aus der Not man eine Tugend macht / Und leichtnimmt, was man doch nicht kann vermeiden, / Da es ein jeder von uns muß erleiden.*»[140] Noch in unserer Zeit hat sich Simone Weil intensiv mit der Frage befaßt, wie die zwingende Notwendigkeit mit dem christlichen Glauben zu vereinbaren sei.[141] In der Romanze des Ritters, die auf höchst kunstvolle Weise aus einer komprimierenden Nachdichtung von Boccaccios «Teseida» entstanden ist, setzt Chaucer der Erfahrung des Chaos in der Welt eine sehr ausgefeilte Symmetrie in der Dichtung gleichsam entgegen.[142] Das Werk endet auch nicht im Chaos; auf das tödliche Unglück des Arcite, der immerhin auf der Höhe seines Ruhms stirbt, folgt Palamons Hochzeit mit Emilia als versöhnlicher Schluß. Und damit erfüllt sich die Romanze in der Bestärkung des Glaubens an die das Universum liebevoll lenkende Vorsehung.

Der mißglückte Kuß

Fast über Gebühr ist die Geduld der Wallfahrer von der langen Geschichte des Ritters beansprucht worden. Das größte Unbehagen regt sich beim Müller. In seinem bereits etwas angetrunkenen Zustand wagt er es, sich dem Spielleiter Harry Bailly zu widersetzen, der nunmehr den Mönch zu Wort kommen lassen möchte. Er dringt mit seiner groben Art darauf, jetzt seine Geschichte erzählen zu dürfen, was ihm dann Harry Bailly, nicht ohne einen kräftigen Fluch, gewährt. Als der Müller ankündigt, er werde von einem Zimmermann und dessen Frau erzählen, wird der Landvogt, selbst von Beruf Zimmermann, nervös, denn er ahnt bereits, daß damit eine Spitze gegen ihn verbunden sein dürfte. Die Geschichte, die der Müller nun zum besten gibt, rechtfertigt es nachträglich, daß er sich vorgedrängt hat, denn es läßt sich kein wirkungsvollerer Kontrast zur Erzählung des Ritters denken. Sie ist die vitalste, heiterste Schwankerzählung der ganzen *Canterbury Tales* nach Art der Fabliaux. Die Fabliaux, die auch vom Landvogt, Kaufmann und Schiffsmann erzählt werden, sind gereimte Schwankerzählungen. Jeder Leser der *Canterbury Tales* erlebt sie als besondere Höhepunkte. Fabliaux waren vor allem in Frankreich bei Adel und Bürgertum beliebt und hatten dort bereits im 13. Jahrhundert ihre Hochblüte erlebt. Chaucer führt sie – bald 200 Jahre später – zu höchster Vollendung, oder treffender gesagt: Er sprengt die Grenzen dieser Gattung. Hier kommt sein Sinn für Komik und für einen feinen Detailrealismus zu größter Wirkung. Ist es darum angebracht, daß ausgerechnet der betrunkene Müller ein solches Fabliau erzählt? Nur wer Gefahr läuft, Dichtung mit Wirklichkeit zu verwechseln, kann daran Anstoß nehmen. Mit dem derb-realistischen Vokabular hat Chaucer alles getan, damit dieses Fabliau auf den Müller zugeschnitten erscheint, und auch in einem höheren Sinne paßt gerade diese Erzählung sehr gut zum grobschlächtigen Müller, denn in ihr geht es um nichts als um handfesten Lebensgenuß, in ihr meldet sich sozusagen die vitale Kraft des Lebens selbst zu Wort, die sich mit List und Schläue durchsetzt – im Fabliau ebenso wie beim Müller selbst.

Wegen des deftigen Charakters dieses Schwanks gibt Chaucer dem Leser sozusagen eine Vorwarnung mit der Bemerkung, man solle nicht ihm die Schuld für die Verletzung der Dezenz geben, da er ja nur die Geschichten getreulich wiedergebe; dem Leser sei es schließlich anheimgestellt, bei dieser Geschichte einfach *umzublättern*[143]. Der Müller also weiß folgendes zu erzählen: Im Hause eines schon bejahrten Oxforder Zimmermanns logiert ein junger Student mit Namen Nicholas, der sich in dessen erst 18 Jahre alte Frau Alison verliebt. Bei ihrem Kirchgang weckt sie aber auch das leidenschaftliche Interesse des jungen Klerikers Absolon. Kein Wunder, denn: *Süß war ihr Mund wie Met und Würzgebräu, / Wie Äpfel, aufbewahrt in Stroh und Heu. / Scheu wie ein muntres Füllen war sie, lang / Gleich einem Mast und kerzengrad im Gang. / Und eine Brosche pflegte sie am Kragen, / Wie eines Schildes Buckel groß, zu tragen. / Hoch saßen ihr am Bein der Schuhe Riemchen. / Sie war ein Primelchen, ein Gänseblümchen, / Wert, Bettgenossin eines Lords zu sein.*[144] In parallelen Aktionen versuchen nun beide jungen Männer ans Ziel ihrer Wünsche zu gelangen. Der sinnenfrohe und pragmatisch denkende Student Nicholas verfällt dabei auf die Idee, sich die Einfalt des greisenhaften Ehemannes zunutze zu machen. Er redet diesem ein, seinen wissenschaftlichen astronomischen Studien habe er entnommen, daß eine zweite Sintflut unmittelbar bevorstehe. Um der Katastrophe zu begegnen, solle er drei Backtröge am Dachboden aufhängen und sie mit Proviant und einer Axt versehen. Dort erwarten sie die *Sintflut*. Als der Zimmermann eingeschlafen ist, gehen die Liebenden die Leiter hinunter und genießen heimlich ihre Liebe; doch wird Alison zu nächtlicher Stunde von ihrem zweiten Freier Absolon belästigt, der ihr ein Ständchen bringt und dann durchs Fenster zu ihr zu kommen sucht. Er bedrängt sie so lange, bis sie einwilligt, sich von ihm küssen zu lassen. Das niedere Fen-

Der Teufel unterstützt einen jungen Mann beim «Fensterln». Aus einer französischen «Légende dorée». 1480. Fitzwilliam Museum, Cambridge

ster erlaubt einen körperlichen Kontakt, was aber Absolon küßt, ist nicht ihr Gesicht, sondern dessen Gegenteil. Kein Wunder, daß der so Gedemütigte auf Rache sinnt. Er läßt bei einem Schmied eine Pflugschar zum Glühen bringen, um sich damit an seiner Angebeteten zu rächen. Als er erneut vor ihrem Fenster erscheint, wird es jedoch nicht von Alison, sondern von Nicholas geöffnet, der dadurch unverdient die glühende Pflugschar an seinem ausgestreckten nackten Hinterteil zu spüren bekommt. Um seinen großen Schmerz zu lindern, ruft er laut: *Helft! Wasser! Wasser!*[145] Unglücklicherweise mißversteht der alte Zimmermann, der in dem am Dachboden hängenden Backtrog sitzt, dies als den Beginn der angekündigten zweiten Sintflut, haut mit der Axt die Seile durch und fällt krachend zu Boden. Dort wird er entdeckt und der Lächerlichkeit preisgegeben.

Unnachahmlich, wie Chaucer diesen eigentlich aus zwei Fabliaux zusammengesetzten und durch das Wasser-Motiv zu einer Einheit verbundenen Schwank in Szene setzt, wie er bis ins kleinste den Realismus der Alltagswelt im damals noch ländlichen Oxford einfängt und wie er dabei mit Komik durchsetzte Unmittelbarkeit erreicht. In dieser an Ironien so reichen Geschichte bleibt am Ende einzig Alison unbehelligt, obwohl doch gerade sie als Ehebrecherin gegen die Moral verstoßen hat. Aber ein Schwank spielt sich eben in einer völlig moralfreien Welt ab. Wie bereits erwähnt, bildet diese Geschichte einen höchst effektvollen Kontrast zur vorangegangenen Erzählung des Ritters, die damit auf subtile Weise parodiert wird. In beiden Fällen wird eine junge Frau – dort eine höfische, aber nur im Bereich des Typischen bleibende Dame, hier eine derbsinnliche Dorfschönheit *Mit Augen voller Lüsternheit*[146] – von zwei Männern in kontrastierender Sprache umworben. Im einen Fall werden wir mit der Erfahrung eines unausweichlichen Schicksals konfrontiert, im Schwank bricht sich dagegen die ungehemmte Lebensfreude Bahn.

Als der Müller seine Geschichte beendet hat, erzählt Chaucer, wie es zu einer Auseinandersetzung zwischen dem Müller und dem Landvogt kommt, der sich direkt angegriffen fühlt und der nun sozusagen aus Revanche seinerseits ein weiteres Fabliau erzählt, in dem ein Müller den kürzeren zieht (und das nun statt in Oxford in der Gegend von Cambridge spielt). Solche die einzelnen Geschichten verbindenden Erzählpassagen verstärken auf reizvolle Art die komödienhafte Dramatik dieses Werkes, indem uns darin die Pilger in ihren Interaktionen vorgeführt werden. Daraus ergeben sich gelegentlich auch zusätzliche Einsichten in ihren Charakter.

Zur geradezu unerschöpflichen Vielfalt der *Canterbury Tales* gehört es, daß Chaucer sie mit einigen Themen durchzieht, die aus stets neuen Perspektiven beleuchtet werden.[147] Solche Themen sind etwa Freundschaft, das Streben nach Glück, die menschliche Habgier, das Leiden Unschuldiger, die Unerbittlichkeit von Schicksal und Tod. Welch schönes, treffendes Bild kommt etwa dem Landvogt in den Sinn, bevor er sein Fabliau zu erzählen beginnt: Er wird sich in Vorwegnahme einer modernen wissenschaftlichen Erkenntnis bewußt, daß der Prozeß des Sterbens schon mit der Geburt beginnt: *Als ich geboren, zog der Tod daneben / Den Lebenszapfen aus; hin rann mein Leben; / Rasch lief mein Lebensstrom davon seither, / Daß nahezu mein ganzes Faß ist leer.*[148]

Einen wichtigen Rang nehmen unter diesen Themen die Probleme von Sexualität, Liebe und Ehe ein. Sämtliche Fabliaux in diesem Werk kreisen um die sexuelle Thematik. Es ist bemerkenswert, daß offenbar alle Geschichten, die sich mit Problemen der Ehe beschäftigen, sowie alle Fabliaux nach dem Tod von Chaucers Frau im Jahre 1387 entstanden sind. Er selbst äußert sich übrigens recht kritisch über die Ehe, freilich in einem heiteren Kontext. In einem an einen Freund gerichteten Gedicht ist die Rede von *Leid und Elend, das sich in der Ehe findet*[149]. Eine zweite Ehe will er nicht mehr riskieren und empfiehlt dem Freund in scherzhafter Weise, bevor er in die *Ehefalle*[150] gehe, solle er doch bedenken, wie wichtig es sei, sich die nötige Freiheit zu sichern und sich nicht zum Vasallen seiner Frau zu machen. Im übrigen rate er ihm, sich in dieser Angelegenheit an die große Expertin in dieser Frage – die Frau aus Bath – zu wenden.

Die Frau aus Bath und ihre Männer

Zum Zeitpunkt der Abfassung dieses Gedichtes hat also eine Person aus den Chaucerschen *Canterbury Tales* eine bereits über dieses Werk hinausreichende Existenz angenommen, und wenn wir uns nun ihrer Selbstvorstellung zuwenden, dann wundert uns dies nicht. Denn mit dieser Figur feiert Chaucers Kunst der Charakterdarstellung, die man nicht zu Unrecht mit der eines Charles Dickens verglichen hat, einen besonderen Triumph. Sie ist ohne Zweifel die «lebendigste» Person des ganzen Werkes, wird sie doch mit einer beeindruckenden Fülle realistischer Details präsentiert. Indem sie ihre eigene bewegte Vergangenheit in einem großen Monolog beschreibt, lenkt sie das Interesse des Lesers auf äußerst amüsante Weise auf die Problematik der Frau im Mittelalter. Sie weiß, daß sie als die einzige weltliche Frau unter den Wallfahrern eine besondere Position einnimmt, die sie auch genüßlich auskostet. Dabei beabsichtigt Chaucer keine grundsätzliche Kritik am traditionellen Rollenverständnis der Geschlechter. Die Frau aus Bath betont nämlich, daß sie nur einen Beitrag zur Erheiterung und Unterhaltung liefern wolle, und am Ende quittieren denn auch die Wallfahrer ihren Auftritt mit Heiterkeit und Gelächter. Beim Leser löst sie die widersprüchlichsten Reaktionen aus, doch die kritischen Einwände, die sich zuweilen gegen ihre Art zu argumentieren anmelden, verstummen immer wieder vor ihrer lebensbejahenden Vitalität, ihrem scharfen Verstand, verbunden mit einer derbzupackenden und überaus selbstbewußten Natur.

Ihr Selbstbewußtsein, das wieder an Christine de Pizan denken läßt, hat mehrere Gründe. So gesteht sie gleich zu Beginn – wie Christine –, daß für sie nicht die Autorität der Überlieferung zähle, sondern die eigene *Erfahrung*[151]. Es ist die gleiche dialektische Spannung zwischen Tradition und individueller Erfahrung, die auch Chaucers Dichtung insgesamt charakterisiert.[152] Und die Frau aus Bath wagt es sogar, die Autorität der Bibel anzuzweifeln bzw. sie in ihrem eigenen individuellen Sinne zu interpretieren: *Nun hört auch, welches scharfe Wort einst sprach, / Als er die Samariterin verwies, / Der Gottmensch Christ; am Brunnen sprach er dies: «Du hast fünf Männer bis zu dieser Zeit / Gehabt; doch er, der dich zuletzt gefreit, / Ist nicht dein Gatte.» So sprach er fürwahr / Doch, was er damit meint, ist mir nicht klar; / Warum – die Frage löse mir, wer kann –/*

War nicht der fünfte auch ihr Ehemann? / Wie viele durfte sie denn frein? / Im Leben / Hört ich darüber niemand Auskunft geben, / Noch die erlaubte Zahl mir definieren. / Ein Rätsel bleibt's, mag man auch viel glossieren.[153] Mit dieser neuen Unbefangenheit gegenüber dem biblischen Text hat Alison aus Bath auch teil an der spätmittelalterlichen Laienbewegung, die ebenfalls der individuellen Bibelauslegung Priorität vor der Lehre der kirchlichen Institution einräumte. Sichtbarster Ausdruck dieser Laienbewegung war die Frauenmystik. Dort allerdings entschieden sich Frauen wie Birgitta von Schweden dazu, selbst im Stand der Ehe jungfräulich als Braut Christi zu leben. Und dieses Ideals menschlicher Vollkommenheit ist sich die Frau aus Bath sehr wohl bewußt: *Ein hoher Grad in der Vollkommenheit / Ist Keuschheit, Frömmigkeit, Enthaltsamkeit.* Sie fügt aber sogleich hinzu: *Doch Christus, der Vollkommenheiten Quelle, / Nicht jedem hieß er Hab und Gut zur Stelle / Verkaufen, um den Armen es zu geben, / Und so ihm folgen und gemäß ihm leben [...] hiermit er zu den Vollkommnen spricht; / Und dazu, werte Herrn, gehör ich nicht.*[154] In einer atemberaubenden Volte erklärt sie dem Leser, sie erlebe menschliche Vollkommenheit gerade mit ihrem Körper, denn seine Zeugungsorgane seien so perfekt geschaffen, daß sie nicht nur – nach dem Auftrag des Schöpfers – zum Fortbestand des Menschen, sondern auch für die Lust geschaffen seien – eine für das Mittelalter ungemein kühne Argumentation, dazu noch aus dem Munde einer Frau.[155] Paulus habe sich zwar selbst für Enthaltsamkeit entschieden, habe es aber in das Urteilsvermögen des einzelnen Individuums gelegt, eine Ehe einzugehen oder nicht. Sie beruft sich dabei auch auf Heloïse, die Geliebte Abaelards. Humane Toleranz spricht aus ihr, wenn sie zu bedenken gibt, daß die Menschen eben mit den verschiedensten Temperamenten und Gaben ausgestattet seien, aber auch, wenn sie in den Stoßseufzer ausbricht: *Ach! Kann denn Liebe Sünde sein?*[156] Hat sich, so fragt sie weiter, nicht auch ihr Temperament schon in der Wiege gebildet, als sie im Zeichen von Venus und Mars geboren wurde? Ihr Temperament: das ist ungehemmte Sinnlichkeit, mit der sie die Männer zur Erschöpfung bringt, was sie mit Genugtuung und ohne ein Blatt vor den Mund zu nehmen schildert.

Die Frau aus Bath, auf deren Sinnlichkeit uns bereits der Allgemeine Prolog vorbereitet hatte, überrascht nun den Leser damit, daß sie im Kampf mit den sie ausnutzenden und ausbeutenden Männern deren unumstrittene Machtposition nun für sich beansprucht, und als Kampfmittel setzt sie gerade die Sexualität höchst wirkungsvoll ein. Dabei wagt sie es, die Auffassung des Paulus, die Männer sollten den Frauen ihre eheliche Pflicht erfüllen, ganz in ihrem Sinne auszulegen: Da die Männer in der Frauen Pflicht stünden, seien sie ihnen logischerweise ja auch untertan.

Den Höhepunkt erreicht ihr Monolog in der Schilderung ihrer Ehe mit dem fünften Mann, einem Absolventen der Oxforder Universität. Er hat

Der Mann als
Herrscher und
Beherrschter.
Aus dem
«Luttrell Psalter»

als ihr Gatte einige Erfahrungen gesammelt, die er zu seiner großen
Freude in einem Buch, einer Sammlung der im Mittelalter bekanntesten
Weibersatiren, bestätigt findet. Da die Frau aus Bath von der Ungerech-
tigkeit und Subjektivität männlicher Kritik an den Frauen überzeugt ist,
kann sie freilich die Lektüre ihres fünften Ehemannes nicht tolerieren:
Sie reißt drei Seiten aus seinem Buch; es kommt zu einem Zweikampf,
bei dem sie durch seinen Schlag das Gehör auf einem Ohr verliert, aber
schließlich doch obsiegt. Kleinlaut verspricht er ihr sodann, das Regiment
in der Ehe an sie abzutreten, worauf sie bereit ist, sich in Zukunft ihm
gegenüber gütig und treu zu erweisen.

Chaucer macht sich einen besonderen Scherz daraus, daß die Frau aus
Bath zunächst frauenfeindliche Texte kritisiert, die von Männern stam-

men (zum Beispiel von Theophrast, Juvenal, dem Kirchenvater Hieronymus), daß sie aber dann gerade durch ihr eigenes Verhalten eine Reihe jener Eigenschaften bestätigt, die in der traditionellen Weibersatire angeprangert wurden. Aber Chaucer gibt mit dieser Figur nicht nur ein Beispiel für Weibersatire, sondern hebt auch die Absurdität der frauenfeindlichen Haltung ins Bewußtsein. Seine große Kunst besteht gerade darin, mit ihr eine Frau zu erfinden, die sich, obwohl von einem Mann geschaffen, weit über die Produkte männlicher Satire auf die Frauen erhebt. Hielt nämlich diese Satire den Frauen Dummheit vor, so ist es ihr ein leichtes, mit List und Klugheit die Oberhand über den Mann zu gewinnen und ihr Publikum in Erstaunen zu versetzen: Wenn Frauen satirische Literatur über Männer verfaßten, so argumentiert sie, dann hätten sie noch mehr Stoff dazu als die Männer: *Bei Gott! Wenn Frauen schrieben die Historien [...]. Sie schrieben mehr von Männerschlechtigkeit, / Als Adams Stamm zu bessern wär bereit.*[157] Noch für heutige Ohren sehr kühn ist eine weitere These der Frau aus Bath: Wenn der Ehegatte von seiner Frau sexuell zufriedengestellt wird, müßte es ihm doch gleichgültig sein, wenn sie imstande und willens ist, darüber hinaus noch einen anderen Mann zu beglücken. Dieses Argument könnte sie direkt aus Boccaccios «Decameron» bezogen haben, wo Peter von Matt eine vergleichbar verblüffende Argumentation einer Frau festgestellt hat[158]: In der siebten Novelle des sechsten Tages rechtfertigt eine beim Ehebruch ertappte Frau

Boccaccio: 7. Novelle des 6. Tages. Miniatur aus Laurent de Premierfaits französischer Übersetzung des Decameron von 1414

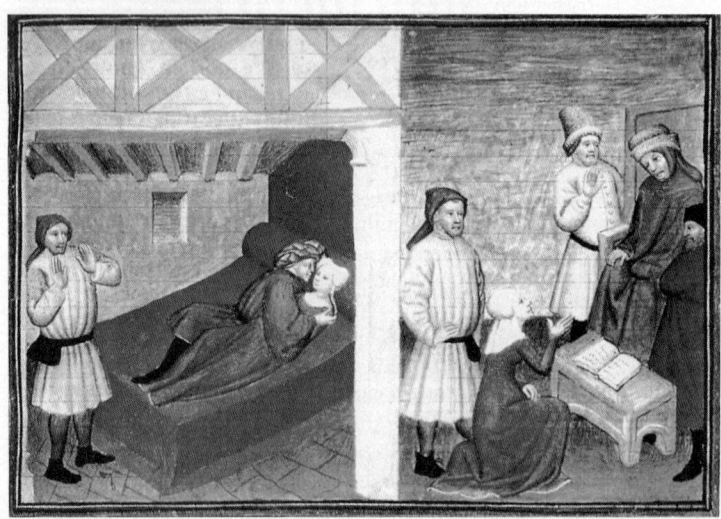

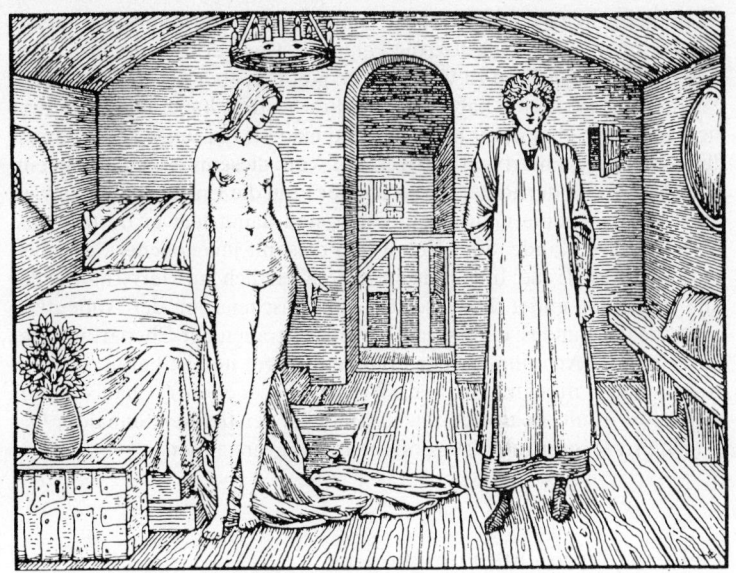

Die häßliche Frau des Ritters verwandelt sich in eine vollendete Schönheit.
Holzschnitt aus William Morris' «Kelmscott Chaucer» nach einer Zeichnung
vermutlich von Edward Burne-Jones

ihr Verhalten ebenfalls damit, daß sie trotz ihrer Eskapaden das sexuelle
Verlangen ihres Mannes doch jederzeit befriedigt habe, was dieser auch
prompt bestätigt. Und sie weist zudem darauf hin, die Ehegesetze nütz-
ten einseitig den Männern, die sie gemacht hatten. Die Folge ihres Plä-
doyers: die ihr drohende Todesstrafe wird aufgehoben, alle sind von der
Richtigkeit ihrer Argumentation überzeugt und reagieren auf sie mit all-
gemeiner Heiterkeit, ja man ändert sogar das Ehegesetz.

Überzeugt, die Frauen wünschten nichts lieber, als zu herrschen, wählt
nun die Frau aus Bath für ihre eigene Erzählung eine Geschichte aus dem
Artuskreis. Ein Ritter, der eine Frau vergewaltigt und damit seine männliche Machtposition hemmungslos ausgenutzt hat, muß eine Märchen-
frage beantworten, will er der Bestrafung mit dem Tode entgehen. Die
Frage lautet schlicht: *Was ist es, das zumeist ein Weib begehrt?*[159] Seine
verzweifelte Suche landauf, landab nach der richtigen Antwort hat
schließlich Erfolg bei einer häßlichen alten Frau, die ihm unter der Be-
dingung hilft, daß er sie trotz ihrer Häßlichkeit und Armut zur Frau
nimmt, was der Ritter in seiner Not auch verspricht. *Souveränität*[160] sei es,
dies muß er von der Alten hören, was jede Frau am meisten begehre.
Daraufhin beginnt er heftig darüber zu klagen, daß er nun zur Heirat mit

91

einem häßlichen Weib gezwungen sei. Als sie seinen Jammer bemerkt, läßt sie ihn wissen, sie besitze die Fähigkeit, wenn er es wünsche, sich in eine schöne junge Frau zu verwandeln, gibt ihm aber gleichzeitig zu bedenken, daß auch eine häßliche Alte ihre Vorteile habe: Diese sei zwar nicht attraktiv, aber dafür treu, während man bei der jungen Frau immer fürchten müsse, betrogen zu werden. Von diesem Argument beeindruckt, überläßt der Ritter daraufhin der Frau die Entscheidung, in welcher Form sie seine Gattin sein wolle, und damit legt er de facto die Macht in ihre Hände. Sie belohnt ihm dies mit jugendlicher Schönheit u n d ehelicher Treue. Indem sie außerdem letztlich auf Herrschaft in der Ehe verzichtet, endet die Geschichte überraschend mit der Andeutung eines Idealzustandes: dem gegenseitigen Vertrauen der Ehepartner. Der Ritter hat die Achtung vor der Frau neu gelernt und ist bereit, sie auch in der Ehe aufrechtzuerhalten. Wieder begegnen wir Chaucers verschmitzter Ironie, denn die Frau aus Bath hat den tieferen Sinn ihrer Geschichte trotz ihrer Intelligenz offenbar nicht verstanden.

Weitere Geschichten um die Ehe

Gerade an den Geschichten über Eheprobleme zeigt sich der Kontrast- und Perspektivenreichtum der *Canterbury Tales* besonders deutlich. Als Antithese zum Auftritt der Frau aus Bath erhält nun der schweigsamernste, philosophische Scholar das Wort, der die Geschichte von der Dulderin Griseldis zum besten gibt. Sie beschließt auch Boccaccios «Decameron»; Griseldis' Demut, mit der sie selbst die größte Tyrannei und Grausamkeit des Ehegatten zu ertragen imstande ist, galt im Mittelalter als höchstes Lob auf die Frau und als Symbol für Demut gegenüber Gott. Nachdem der Scholar seine Version, gestützt auf Petrarcas Fassung, vorgetragen hat, läßt es sich Chaucer nicht nehmen, sich anschließend an die Frauen zu wenden, um ihnen zu versichern, Demut gegenüber dem Mann könne für sie nicht in Frage kommen: *Habt keine Furcht, zeigt nicht Ergebenheit, / Mag auch der Hausherr eine Rüstung tragen.* Ohnehin sei es ja äußerst schwer, wie bereits der Scholar bemerkte, in einer Stadt *zwei oder drei Griselden nur zu finden*[161].

Einen ganz anderen Ton schlägt Chaucer an, als sich der Kaufmann mit seiner Geschichte vernehmen läßt, die auf vielfache Weise mit der Gesamtstruktur der *Canterbury Tales* verbunden ist. Sie ist wieder ein deftiges Fabliau, in dem es um sinnliches Begehren geht, das durch List und Schläue Erfüllung findet. Ein Mann von 60 Jahren entschließt sich zu guter Letzt zur Ehe; seine junge, sexuell frustrierte Frau wird indes bald von dem ebenso jugendlichen Verehrer Dorian umworben. Sie finden mit List Gelegenheit, wenn auch auf einem Birnbaum, ihr Verlangen zu

Ehebruch auf dem
Birnbaum.
Aus William Caxtons
«Aesop». 1484

befriedigen. Dem dümmlichen Ehegatten, der die Szene beobachtete, redet die Frau mit Erfolg ein, er habe ihre gemeinsame Aktivität wegen seiner Sehstörung völlig mißdeutet. Zielscheibe ist in dieser satirischen
«Komödie» dabei nicht die junge Frau, sondern der alte Mann, ein rechter
Wüstling, der nur deshalb bisher auf eine Ehe verzichtet hatte, um sich
möglichst ungehindert mit jungen Frauen zu vergnügen. Auch jetzt, wo
er sich aus Bequemlichkeit vermählen will, muß es unbedingt eine junge
Frau von höchstens 20 Jahren sein, ansonsten wäre bei ihm, wie er prä-
potent behauptet, der Ehebruch bereits «vorprogrammiert». Er ist ein
negatives Gegenstück zur vitalen Frau aus Bath, mit der er sogar einmal in
Verbindung gebracht wird. Doch beim Versuch, seine junge Frau zu befriedigen, versagt er auf klägliche und abstoßende Weise, da helfen auch
Aphrodisiaka und ein Buch «De Coitu» nichts.

Wer etwa der Meinung ist, im Mittelalter sei eine Ehe nur in der Form
denkbar gewesen, daß ein Partner, natürlich der männliche, über den anderen zu herrschen trachtete, sieht sich durch die Erzählung des Gutsbe-
sitzers eines Besseren belehrt. Aus ihr spricht die Bemühung um eine
höchst bemerkenswerte Humanität. Wenn es im Allgemeinen Prolog
hieß, der Landbesitzer sei ein echter Sohn Epikurs, so scheint darin nicht
nur Ironie zu liegen. Unser Freisasse ist mit dem epikureischen Grund-
gedanken vertraut, daß sich der eigentliche Sinn des Daseins im Erleben
wahrer Freundschaft, im gegenseitigen Geben und Nehmen erfüllt. Seine
epikureische Haltung ermöglicht ihm recht tiefe Einsichten in das Wesen
der Liebe: *Die Liebe fügt sich niemals einem Zwange. / Sobald der Liebesgott den Herrscher sieht, / Schlägt er die Schwingen, sagt ade und flieht! /
Die Liebe ist so frei wie jeder Geist.*[162] Um diese Thematik geht es nämlich

in der «bretonischen Lai», die der Gutsbesitzer nun erzählt. Während der
längeren Abwesenheit eines gewissen Arviragus von seiner Frau Dorigen
bemüht sich ein Liebhaber recht intensiv um sie. Nach Hause zurückge-
kehrt, stellt Arviragus ihr frei, für wen sie sich nun endgültig entscheiden
wolle. Sie bleibt bei ihrem Mann, beide versuchen aber ihre «aufgeklärte»
Einsicht in die Natur der Liebe durch Toleranz in die Tat umzusetzen:
Der Mann verzichtet auf den Herrschaftsanspruch, die Frau erhält ihre
nötige Freiheit, doch dafür verspricht sie ihm spontan die Treue.[163]

Des Ablaßhändlers dämonischer Auftritt

Auf die meisten Teilnehmer an der Wallfahrt nach Canterbury übt das
Geld eine unwiderstehliche Faszination aus, und die Satire auf die Be-
sitzgier ist, wie der Prolog es schon andeutete, ein weiteres großes Thema,
das Chaucer in den *Canterbury Tales* umkreist. In der Figur des Ablaßhändlers erscheint nun menschliche Habgier als Gipfel moralischer
Perversion. Nicht erst die Zeit Luthers, sondern bereits das Spätmittelalter kannte das Ablaßunwesen. Der Ablaßgedanke hatte sich aus der
Vorstellung entwickelt, daß die Gabe von Almosen an die Kirche als Zeichen echter Buße zu werten sei. Dies konnte jedoch allzu leicht
mißbraucht werden, und Ablaßverkäufer waren oft Zielscheibe satirischen Spotts. Das stereotyp wiederkehrende Thema seiner Predigten ist
das Bibelwort: «Die Habgier ist die Wurzel allen Übels» (1 Timoth. 6.10.).
Und dabei ist er selbst der größte, bis zur Groteske gesteigerte Repräsentant jeder Art von Gier! Der Ablaßverkäufer ist insofern eine Ge-
genfigur zur Frau aus Bath, als auch er nicht so sehr durch die Art seiner
Erzählung Gestalt gewinnt, sondern vielmehr dadurch, daß er sich ebenfalls mit einem großen Prolog in Szene setzen darf. So erhält er eine individuelle, den Leser in größtes Erstaunen versetzende Individualität.
Denn sein Prolog mit seiner nachfolgenden Geschichte decouvriert ihn
einerseits in seiner ganzen teuflischen Unmoral, andererseits aber entspricht sein Auftritt insgesamt, wie man zeigen konnte, recht genau den
Anforderungen an eine mittelalterliche Predigt. Den Rahmen seiner
«Performance» bildet ein Wirtshaus, in dem er sich zunächst einmal mit
Speis und Trank stärken muß, wodurch er zugleich Mitspieler in seiner
eigenen Geschichte wird. Er lüftet nämlich hier gegenüber den Wallfahrern bedenkenlos sein Geheimnis, wie er es schafft, die menschliche
Leichtgläubigkeit scham- und skrupellos auszunutzen, und wie er trotz
seiner korrupten Natur die Leute zu bekehren sucht: *Mein ganzes Streben
ist zu profitieren,/Nicht etwa, Sünden hier zu korrigieren./[...] So greif
ich denn in meiner Predigt eben/ Das Laster an, dem ich mich selbst
ergeben:/Die Habsucht; doch wie sehr auch ich ihr fröne,/So mach ich,*

daß mein Nächster sich entwöhne / Der Habsucht, büßend die verletzte Pflicht.[164] Atemberaubend ist die äußerste Perfektion, mit der er sein «Handwerk» versteht. Die «Reliquien» beispielsweise, die er verkauft, sind natürlich lauter wertlose Dinge, denen er in blasphemischer Weise große spirituelle Wirkungen andichtet. Daraufhin schildert dieser Wolf im Schafspelz höchst anschaulich, wie er auf der Kanzel einen unwiderstehlichen Eindruck zu machen weiß: Bei seinen Lügen streckt er den Hals in diverse Richtungen zur Gemeinde hin. Er fügt hinzu, er mache dies nach Art einer Taube – nur, vom göttlichen Geist, den die Taube nach christlichem Verständnis symbolisiert und den der Prediger benötigt, ist bei ihm nicht das geringste zu spüren. Sein Zynismus gipfelt in dem Eingeständnis, es kümmere ihn bei seiner Geldgier nicht, daß die durch ihn getäuschten Seelen nach dem Tod verlorengingen.

Damit ist seine Perversion noch viel umfassender als die Unmoral der drei Burschen, der Akteure in seiner Geschichte. Diese frönen ausführlich den «Tavernenlastern»: Plötzlich sehen sie einen Leichenzug vorbeikommen, und sie erfahren, der Tod, der bereits durch die Pest heftig gewütet hat, habe nun auch einen ihrer Freunde dahingerafft. Daraufhin beschließen die drei Gauner die eigentliche Gefährdung ihrer Konsum- und Genußmentalität, den Tod, zu besiegen und ihn zu töten: *Daß wir erschlagen den Verräter Tod. / Er soll ermordet werden, der uns droht* [...].[165] Unsere drei Burschen sind freilich blind für die fundamentale Ironie, daß sie gerade durch den paradoxen Wunsch, den Tod zu töten, sich gegenseitig vernichten und ihm damit neue Opfer zuführen.

Die Art, wie der Ablaßhändler nun seine in einer mittelalterlichen Predigt beliebte Beispielgeschichte erzählt, wie er sein «exemplum» mit geradezu «realistischen» Dialogen der Burschen verlebendigt, ist ein großer Höhepunkt seines spannungsgeladenen Auftritts. Zugleich ist es faszinierend zu verfolgen, was Chaucer aus dieser in Europa ziemlich verbreiteten Geschichte zu machen versteht und wie er sie den Ablaßverkäufer beziehungsvoll ausweiten läßt. In den anonymen Versionen finden drei junge Männer einen Schatz durch die Begegnung mit einem alten Mann. Der Schatz bringt ihnen jedoch nicht das ersehnte Glück, sondern im Gegenteil den Untergang: Während einer von ihnen in die Stadt geht, um dort Speise und Trank zu beschaffen, beratschlagen die beiden anderen, wie sie den Schatz für sich behalten und den Dritten im Bunde beseitigen könnten. Doch auch diesem ist in der Stadt die gleiche Idee gekommen. Er brauche, so denkt er, nur die beiden zu vergiften, um schlagartig ein reicher Mann zu werden. Und so geschieht es, daß sie sich gegenseitig umbringen: Der Abwesende wird nach seiner Rückkehr erschlagen, sie aber sterben am vergifteten Wein. Wie souverän zieht nun Chaucer alle Register seiner Erzählkunst durch die Art, wie der korrupte Ablaßhändler dieses Märchen als Exempelgeschichte verwendet. Die Begegnung der Burschen mit dem alten Mann verläuft nämlich anders als in den Märchenversionen. Seine Erscheinung ist von einer unvergleichlichen Aura des geheimnisvoll Unbestimmten umgeben, wodurch Chaucer die anonymen Versionen weit hinter sich läßt. Auf die Frage, warum er in so hohem Alter noch lebe, antwortet der rätselhafte Mann, der Tod erfülle ihm seinen sehnlichsten Wunsch, zu sterben, nicht. So klopft er auf die Erde mit der ergreifenden Bitte: *Liebe Mutter, laß mich ein!*[166] Doch ohne Erfolg. Die drei Burschen lassen ihn indes nicht ziehen, bevor er ihnen nicht verraten hat, wo der Tod zu finden ist. Die Antwort des Alten: Den krummen Weg hinauf, unter einem Baum sei er anzutreffen. Dort wartet auf sie natürlich das Gold, durch das sie wie im Märchen tatsächlich zu Tode kommen. Der Alte, der ihnen begegnete, war nicht, wie manche meinen, der Tod selbst, sondern ironischerweise wohl ein Symbol dessen, was die Burschen suchen: ein Leben ohne Tod. Doch läßt Chaucer den wahren Charakter des Alten in kunstvoller Weise bewußt im Unbestimmten. Jedenfalls wird dem mittelalterlichen Hörer die abgrundtiefe Ironie des Geschehens bewußt: daß sie den Tod unter einem Baum finden, verweist auf Adams Sündenfall, aber auch auf den Tod Christi am Kreuzes-Baum, und wenn der dritte Bursche aus der Stadt Brot und Wein bringt, so wird mit dieser ganz unaufdringlichen Anspielung auf das Meßopfer der totale geistige und religiöse Verfall dieser Menschen angedeutet; ihr Verlangen, den Tod zu töten, erscheint als Perversion des Sieges Christi über den Tod.

Äußerst eindrucksvoll und meisterhaft hat der Ablaßhändler seine Predigtgeschichte erzählt, und es stellt sich dabei die Frage, wie es mög-

Motive aus der Erzählung des Ablaßhändlers. Holzschnitzerei an einer Truhe

lich ist, daß ein völlig korrumpierter Charakter dennoch ein Plädoyer für das Gute mit soviel Überzeugungskraft vortragen kann, ein Umstand, den man nur als dämonisch bezeichnen kann. Diese Dämonie erfährt aber noch eine weitere Steigerung, wenn der Ablaßkrämer im Vollbesitz seiner Schauspielkunst auch noch ein persönliches Klagelied über die menschliche Sündenverfallenheit anstimmt: *Ach! Menschheit, wie kannst du nur durch Verhöhnung / Des Herrn, der dich erschuf und für dein Leben / Sein teures Herzblut hat dahingegeben, / So falsch, ach, und so undankbar wohl sein?*[167] Dabei wissen doch alle Zuhörer, daß er der abgefeimteste Repräsentant dieser Verderbtheit ist. Man hat mit Recht betont, daß er mit seinem bewußten Rollenspiel, seiner gezielt eingesetzten Erzählkunst und rhetorischen Perfektion ein groteskes Gegen-Bild von Chaucers eigener dichterischer Praxis und Intention darstellt.

Im Bewußtsein, daß seine Predigt einen wirkungsvollen Appell bedeutet, beginnt der Ablaßhändler nun seiner «cupiditas» zu frönen, indem er die reuigen Hörer auffordert, seine wertlosen Reliquien zu kaufen, die im übrigen auch eine wirksame Versicherungsmöglichkeit gegen künftige Unglücksfälle böten. Daß er sich zuerst an den Wirt wendet, ist von seiner Predigt her gesehen nur konsequent, weil sie ebenso wie die Wallfahrt der Pilger ja in einer Taverne begann; dennoch vergreift er sich Harry Bailly gegenüber im Ton: *Ich rate unserm Wirt, gleich anzufangen, / da ihn die meisten Sünden noch umfangen.*[168] Äußerst heftig ist daraufhin die Reaktion des Wirts. Er wünsche die Genitalien des Ablaßkrämers, um sie als Reliquien in Schweinedreck einzuschließen. Mit diesem drastischen Bild wird nicht nur die absurde Wertlosigkeit der Reliquien satirisch gegeißelt, sondern der Ablaßhändler wird auch noch öffentlich zu einem Eunuchen gemacht, als der er sich in geistiger Hinsicht von Anfang an präsentiert hatte. Während nun fast alle über den obszönen Scherz des Wirts, der den Ablaßhändler tief getroffen hat, lachen, distanziert sich einzig der Ritter von einer solchen vernichtenden Reaktion. Er, die unangefochtene moralische Autorität unter den Pilgern, fühlt sich aufgerufen, den Dissens zwischen den beiden zu schlichten, und fordert Harry Bailly auf, mit dem Ablaßkrämer den Friedenskuß zu tauschen: Dem Menschen, davon ist Chaucer überzeugt, steht es nicht zu, einen anderen völlig zu verdammen.

Sex als Zahlungsmittel

Der Schiffsherr, der nun an der Reihe ist, bietet kein typisches Seemannsgarn, sondern ein Fabliau, in dem er minutiös und treffend die frühkapitalistische Atmosphäre des Kaufmannsstandes beschreibt, dem Chaucer ja selbst entstammt. Wir begegnen hier einem reichen, sich ganz

Ein Mönch «begrüßt» eine junge Frau. Aus den «Taynmouth Hours», einem Stundenbuch des 14./15. Jahrhunderts

mit seinem Beruf identifizierenden Kaufmann, der mit Rechnungen beschäftigt ist und Vorbereitungen für eine Geschäftsreise nach Brügge trifft. Als ihn seine Frau bei der Arbeit besucht, gibt der Erzähler eine genaue Beschreibung des Kontor-Milieus: *Zu ihrem Gatten sah man sie dann schreiten, / Und laut klopft' sie an die Kontortür an. / «Wer da?» fragt' er. «Ich, Peter, lieber Mann», / Sprach sie; «was, Herr, wie lange wollt Ihr fasten? / Wollt Ihr beim Rechnen niemals ruhn noch rasten / Und ewig nur in Geld und Büchern kramen? / Der Teufel hole all das Rechnen, amen! / Ihr seid mit Gottes Gabe wohlversehen; / Kommt jetzt herab und laßt die Beutel stehen.» / [...] «Frau», sprach der Mann, «du kannst ja nicht ermessen, / Wie schwierig das Geschäft oft bei uns ist. / Bei Gott und bei dem heiligen Ivo, wißt, / Von uns Kaufleuten glückt es schwerlich zweien / Von zwölfen, zu verharren im Gedeihen / Beständig bis an unsres Alters Ziel. / Mit guter Miene zu dem bösen Spiel / Schlägt man sich durch die Welt, so gut es geht / [...]. / Darum darf ich es niemals unterlassen, / In dieser listigen Welt scharf aufzupassen; / Denn immer stehen wir voll Furcht am Rand / Des Zufalls und des Glücks im Kaufmannsstand.»*[169] Vor der Abreise empfängt er indes noch einen Gast für ein paar Tage. Dieser, ein alter Familienfreund, ist ein «weltoffener» Mönch. Während der Kaufmann im Kontor beschäftigt ist, trifft er sich im Garten mit der schönen jungen Kaufmannsgattin. Verblüffend ist die Art, wie er gegenüber der Frau sogleich die Rede auf Sex bringt und wie er es dabei sorgfältig vermeidet, von Liebe zu reden; ja die Sexualität wird selbst zu einem Teil dieser materialistischen Welt. Dies geht so weit, daß man von Geld reden und Sex meinen kann. Die Gattin gibt dem Mönch recht unmißverständlich zu verstehen, ihr Mann besitze für sie eigentlich keinen «Wert» – weder im Bett noch in finanzieller Hinsicht, denn er sei äußerst knauserig. Sie bittet daher den klerikalen Freund, ihr 100 Franken zu leihen, da sie sich unbedingt neue Kleider kaufen müsse. Er beschafft ihr auch prompt das Geld, borgt es aber unter einem fadenscheinigen Vorwand von keinem anderen als ihrem Gatten selbst aus. Kaum hat dieser die Geschäftsreise angetreten, überreicht der Mönch der Frau das gewünschte Geld. Als der Kaufmann nach seiner Rückkehr den Mönch in milden Worten an den geliehenen Betrag erinnert, spielt dieser der Frau den Schwarzen Peter zu: Sie könne es bezeugen, daß er die fragliche Summe bereits im Kontor des Kaufmanns hinterlegt habe. Von ihrem Mann zur Rede gestellt, gesteht sie ihm, das Geld leider schon mit dem Kauf von Kleidern verbraucht zu haben, er solle es an ihrer *Taille*[170] ankreiden, denn *im Bett nur zahlt Euch Euer Weib!*[171]

Die Kathedrale von Lincoln. Zeichnung von R. Garland nach einer Lithographie von B. Winkless. Um 1530

Die Prioritäten der Priorin

In schroffem Kontrast zu dieser Geschichte folgt nun die Erzählung der Priorin, von deren hochsensibler Natur und kultiviertem Wesen wir schon im Allgemeinen Prolog erfahren hatten. Wie hieß es doch von ihr? Sie widmete sich mit großer Sorge ihren Hunden; echtes Mitgefühl war ihr zu eigen, konnte sie es doch nicht mit ansehen, wenn eine Maus in die Falle gegangen war. Die Geschichte allerdings, die sie erzählt, hinterläßt einen äußerst zwiespältigen Eindruck: Auf der einen Seite spiegelt sie tiefes, geradezu mütterliches Mitgefühl mit einem kleinen Jungen und zugleich eine spezifisch spätmittelalterliche, affektive Marienfrömmigkeit, auf der anderen Seite aber auch heftigen, blinden Fanatismus. Ihr Beispiel einer «Wundergeschichte» führt in eine große Stadt Asiens, wo das siebenjährige, sehr fromme Kind einer Witwe eine christliche Schule besucht – wir haben diese Szene bereits eingangs kurz gestreift. Mit Eifer lernt der Junge ein Marienlied, das ihm so gefällt, daß er es sogar auf dem Schulweg singt. Da gibt der Teufel, so erzählt die Priorin, den im Ghetto wohnenden Juden den Gedanken ein, der Junge verhöhne mit diesem Lied ihre Religion, und deshalb müsse man *den unschuldsvollen Knaben* [...] *ermorden*[172]. Sie dingen einen Burschen, der ihm auflauert, die Kehle durchschneidet und ihn anschließend in eine Grube wirft. Seine Mutter, die ihn überall sucht, erfährt, daß er zuletzt bei den Juden gesehen wurde. Nach längerer Suche kommt sie in die Nähe der Grube und hört ihren Sohn, trotz seiner tödlichen Verletzungen, noch immer das Marienlied singen. Der Provost läßt daraufhin die Juden gefangennehmen, foltern und hinrichten. Auf einer Bahre wird der Junge namens Hugo in die Abtei von Lincoln gebracht. Auf die Frage des Abts, warum er noch immer zu singen in der Lage sei, antwortet er, Maria sei ihm erschienen und habe ihm *ein Korn*[173] auf die Zunge gelegt, das ihm diese Kraft verleihe. Kaum entfernt der Abt das Korn, stirbt der Junge, und die Kirche hat einen neuen «Märtyrer». Das Korn auf seiner Zunge ist als Symbol für Christus zu deuten, der sich in einem Gleichnis einmal mit einem Weizenkorn vergleicht.[174]

Bei dieser fatalen «Wundergeschichte», die nur eines von zahlreichen mittelalterlichen Beispielen für angebliche jüdische Ritualmorde ist und eine ziemlich genaue Parallele etwa in Andreas von Rinn bei Innsbruck und Simon von Trient hat, handelt es sich um antisemitische Propaganda der mittelalterlichen Kirche.[175] In diesem Fall ist es gelungen, die Entstehung einer solchen «Wundergeschichte» zu rekonstruieren. Es gab tatsächlich den kleinen Hugo, der noch heute in der Kathedrale von Lincoln begraben liegt. Doch den Tod fand er durch einen Unfall; er stürzte nämlich in eine Grube in der Nähe des Hauses eines Juden. Es soll indes nicht unerwähnt bleiben, daß vor einiger Zeit bei seinem Grab eine Gedenktafel, auf der u. a. folgendes zu lesen steht, angebracht wurde:

«Böswillig erfundene Geschichten von ‹Ritualmorden› an Jungen von Christen durch jüdische Gemeinschaften waren in ganz Europa im Mittelalter und noch sehr viel später verbreitet. Diese Hirngespinste kosteten vielen unschuldigen Juden das Leben. Lincoln hatte seine eigene Legende, und das angebliche Opfer wurde in der Kathedrale im Jahre 1255 beigesetzt. Derartige Geschichten tragen nicht zur Glaubwürdigkeit des Christentums bei [...].[176]

Der Pilger Chaucer erhält das Wort

Wie sollen wir uns nun die Präsenz dieser Geschichte in den *Canterbury Tales* erklären? Zunächst spricht es für die kompromißlose Ehrlichkeit von Chaucers Kunst, daß er an keiner Seite seiner eigenen Zeit, auch nicht an der Manifestation eines blinden Fanatismus, vorbeigeht, sondern eine möglichst umfassende Wiedergabe seiner Welt anstrebt. Die oft wiederholte Behauptung allerdings, Chaucer lasse die ganze Geschichte in satirischer Absicht erzählen, ist nicht zu halten; denn damit verkennt man diese sentimentalisierte Art mittelalterlicher Frömmigkeit. Es ist jedoch richtig bemerkt worden, daß die bloße Entscheidung, diese Geschichte der Priorin mit ihrer Vorliebe für eine oberflächliche Frömmigkeitshaltung erzählen zu lassen, bereits ein Urteil des Autors über solche «frommen» Sensationsgeschichten enthält.[177] Die Priorin ist viel zu naiv, um die Inhumanität ihrer Erzählung auch nur im geringsten zu erkennen.

Chaucers Distanzierung von diesem Beispiel eines mittelalterlichen Fanatismus geht aber noch weiter. Er hatte sich ja bereits früher dem Problem zugewandt, daß Geschichten, die mit dem Anspruch historischer Wahrheit erzählt werden, sich als fiktiv und manipuliert erweisen können. In einem Prosa-Traktat, den Chaucer der Pilger wenig später vorträgt, plädiert er mit eindeutigen Worten dafür, auf den Rachegedanken, der von der Priorin gutgeheißen wurde, zu verzichten. Damit wird nachträglich jedenfalls das Ende der «Wundergeschichte» von Hugo von Lincoln kritisch beleuchtet. Mehr noch: es ist ja überhaupt sehr signifikant, daß Chaucer der Pilger just dann zu Wort kommt, als die Priorin ihre Erzählung beendet hat; und dies hat seine Bedeutung, auch wenn der Pilger Chaucer nicht identisch ist mit dem Dichter. Der Wirt registriert mit Verwunderung, wie Chaucer als Pilger nicht nur durch seine äußere Erscheinung den Außenseiter spielt, sondern auch wie geistesabwesend zu Boden blickt. Ohne diese Situation zu psychologisieren, muß man doch daraus schließen, daß er n i c h t wie die anderen von der Erzählung der Priorin ergriffen ist und sich seine eigenen Gedanken zu machen scheint.

Er läßt zunächst einmal die Situation nach der Erzählung der Priorin entkrampfen durch die Geschichte von Sir Thopas. Es ist die köstliche Parodie einer bürgerlichen Romanze von der Art, wie sie in der heimischen Tradition florierte. Dabei amüsiert sich Chaucer im Vollbesitz seines Könnens über eine abgedroschene Gattung und attackiert satirisch zugleich das kriegerische Gebaren des «Helden». Vom tumben Ritter Sir Thopas heißt es: *Krieg, nicht Frieden kündet' er.*[178] Doch da die Wallfahrer in der Parodie nur leeres Reimgeklingel vernehmen, kann Chaucer gewiß nicht hoffen, das Spiel des Um-die-Wette-Erzählens zu gewinnen. Noch vor dem Ende seiner Romanze entzieht ihm Harry Bailly, verärgert über so viel «Inkompetenz», das Wort.

Harry Bailly, der dem Pilger Chaucer reine Zeitverschwendung mit seiner *Reimerei*[179] vorgeworfen hat, gibt ihm nun noch eine Chance. Er solle einen zweiten Versuch machen, eine Geschichte zur Erheiterung oder Erbauung vorzutragen. Chaucer wählt nun einen formal recht anspruchslosen Text, der außerdem zum größten Teil aus der Übersetzung eines Traktates besteht: die Geschichte von Melibeus. Doch sein Inhalt ist von Bedeutung, und jetzt tritt der Pilger Chaucer mit dem Anspruch auf, etwas Wichtiges zu sagen; auch wird er nicht mehr unterbrochen. Trotz seiner Länge ist gerade dieser Text eine wesentliche Stimme im Konzert der *Canterbury Tales*. Nach seiner köstlichen Romanzenparodie macht sich Chaucer hier ein zweites Mal daran, menschliche Fehlhaltungen zu korrigieren, und darin einbezogen ist auch die Priorin. Er legt dabei Maßstäbe an, die durchaus schon humanistisch genannt zu werden ver-

Auguste Rodin:
Die Bürger
von Calais.
Bronze. 1884

dienen. Ausgangspunkt dieses Textes ist eine kleine, in allegorische Form gekleidete Geschichte, die den Anlaß bildet zur Diskussion der bereits erwähnten Frage, ob es sinnvoll und nutzbringend sei, Rache zu nehmen. Die Frage wird klar verneint und jetzt auf das Problem der Koexistenz der Völker ausgeweitet.

Hauptfigur ist die Dame Klugheit, auf die sich das Interesse des Lesers konzentriert. Weit davon entfernt, eine bloße Personifikation zu sein, tritt sie mit solcher Lebendigkeit vor uns, daß sie schon an eine «wirkliche» Frau erinnert und damit in Verbindung zu bringen ist mit den anderen Frauen in den *Canterbury Tales* und auch mit der Diskussion des rechten Verhältnisses zwischen Mann und Frau in anderen Geschichten. Da sie ja die traditionelle Männerrolle des klugen Ratgebers übernimmt, muß der Traktat versuchen, mit dem Vorurteil aufzuräumen, der Mann unterwerfe sich bereits der Frau, wenn er ihren Rat befolgt. Der politische Rat, den die Dame Klugheit zu geben versteht, muß bei den Zeitgenossen auch die Erinnerung an große Frauen der eigenen Zeit wachgerufen haben: etwa an Königin Philippa, Gattin von Edward III., die sich u. a. dafür eingesetzt hatte, daß die berühmten «Bürger von Calais» bei der Belagerung von 1347 begnadigt wurden, oder an Königin Anna, die die politische Unreife des allzu jungen Richard II. in mancher Hinsicht auszugleichen vermochte, ehe sie 1394 starb.[180] Prudentia rät nun eindringlich, den Krieg als Mittel der Auseinandersetzung zu meiden und den Frieden zu fördern, allein schon deshalb, weil Krieg mit hohen Verlusten verbunden sei. Ferner gibt sie zu bedenken: *Es gibt viele Leute, die «Krieg, Krieg!» schreien und doch sehr wenig davon wissen, was Krieg bedeutet. Ein Krieg läuft am Anfang so langsam und so gemächlich an, daß jeder daran teilnehmen kann, wenn es ihm gefällt, doch freilich, welches Ende dabei kommen wird, kann man nur schwerlich wissen.*[181] Chaucer, der aus eigenem Erleben die Schrecken des Krieges kennengelernt hatte und der ja selber einmal in Friedensverhandlungen mit Frankreich involviert war, stand ohne Zweifel ganz hinter diesen Gedankengängen, denn diese pazifistische Tendenz entspricht völlig dem «erasmischen» Zug in seinem Wesen.

Von Alchimisten und neuen Listen

Als sich die *Canterbury Tales*, die wir hier nicht vollständig vorstellen können, allmählich ihrem Ende zu nähern beginnen, weiß Chaucer das Interesse des Lesers durch einen köstlichen Einfall erneut zu beleben. Die zweite Nonne hatte soeben ihre von uns bereits gestreifte Legende von der heiligen Caecilia zum besten gegeben, als sich völlig überraschend zwei neue Personen den Wallfahrern zugesellen. Ein Stiftsherr hatte von seinem Gehilfen erfahren, ein Pilgerzug befinde sich gerade auf der Wallfahrt nach Canterbury; darauf entschließt er sich spontan, diesen einzuholen. Die Ankunft des Kanonikus und seines Gehilfen bei den Wallfahrern ist einer der dramatischsten, weil völlig unvorbereiteten Momente, und auch den Pilger Chaucer befällt überraschtes Erstaunen. Mit minutiöser Genauigkeit schildert er die Wirkung der beiden Neuankömmlinge auf die Pilger. Schweißtriefend stößt der Kanonikus zu ihnen, *seine Stirn tropfte wie ein Destillierkolben*[182] vom anstrengenden Galopp. Ganz in Schwarz gehüllt und mit mißtrauischem Blick, macht er auf den Wirt einen sehr schäbigen und ausgesprochen sinistren Eindruck. Um so gesprächsbereiter ist dagegen sein Assistent, der «Zauberlehrling», der das Geheimnis seines Herrn zu lüften beginnt und in aller Ausführlichkeit von dessen alchimistischer Praxis berichtet. Er erzählt, wie sein Herr fieberhaft daran arbeitet, die große Entdeckung zu machen, mit der man Gold herstellen und den Stein der Weisen finden könne. Inzwischen aber gewinnt er sein Geld ganz ähnlich wie der Ablaßhändler damit, daß er die Leichtgläubigkeit der Menschen ausnutzt, indem er sie durch seine illusionistischen Tricks hinters Licht führt.[183] Der Stiftsherr, der sich, anders als der Ablaßverkäufer, unter keinen Umständen in die Karten schauen lassen will, versucht vehement, seinen Assistenten zum Schweigen über sein Berufsgeheimnis zu bringen. Da dieser jedoch, einmal in Fahrt gekommen, sich nicht darum schert, nimmt der Kanonikus spontan Reißaus und verschwindet so rasch, wie er gekommen war. Der Gehilfe gibt nun eine genaue Beschreibung alchimistischer Praktiken am Beispiel eines Kanonikus, der einen Priester hereinlegt. Dieser glaubt tatsächlich an die Fähigkeit des Alchimisten, «Gold» herzustellen, weil er dessen dürftigen Täuschungsversuch nicht durchschaut: Nachdem der Alchimist das eine Ende eines hohlen Stabes mit Wachs verklebt und etwas Gold in den Stab geschoben hat, rührt er damit bedächtig im Feuer; das Wachs schmilzt natürlich, und wirklich erscheint echtes Gold. Der Assistent schließt seine Erzählung mit der Bemerkung, er habe dies alles nur deshalb so ausführlich erzählt, weil er die Hörer vor täuschenden Verführungen der Alchimisten warnen wollte.

In den Schlußpassagen ist dann allerdings auch Chaucers eigene Stimme zu hören. Seinen Worten, mit denen er den Laien vor einem dilettantischen Umgang mit der Alchimie warnen möchte, ist unschwer zu entnehmen, daß er selbst detaillierte Kenntnisse dieser «Wissenschaft» besessen haben muß. Chaucer weiß, wie schon Thomas von Aquin bemerkt hatte, daß der echte Alchimist sich um die Erkenntnis der Welt und ihrer Naturgesetze bemüht und daß er mit dem Versuch, eine Veredelung der Stoffe zu erreichen, auch selbst einen eigenen Läuterungsprozeß zu erleben hofft: *Es gebe niemand dieser Kunst sich hin, / Wenn er der Alchimistensprache Sinn / Und Deutung nicht verstanden hat zuvor; / Wenn er es dennoch tut, ist er ein Tor, / Da diese Kunst und Wissenschaft, das*

Ein Astrologe beobachtet den Himmel. Mitte des 14. Jahrhunderts

Astrolabium aus dem 14. Jahrhundert

wißt, /Stets «der Geheimnisse Geheimnis» ist.[184] Und da Chaucer auch den Hermes Trismegistos erwähnt, hat ihn ein Elias Ashmole im 17. Jahrhundert sogar unter die hermetischen Philosophen gezählt. Chaucer mußte sich geradezu für die Alchimie interessieren, weil er sich jeder Art von Erkenntnis der Wirklichkeit gegenüber aufgeschlossen zeigte. Dennoch distanziert er sich von ihr, weil er ihre Grenzen kennt: *So ist's am besten, man läßt ruhn die Dinge. /Wer Gottes Willen dreist zuwiderhandelt /Und ihn in seinen Gegner dann verwandelt, / Wird nichts erreichen, wenn er auch zeitlebens / Multipliziert, die Mühe ist vergebens.*[185]

In diesem Zusammenhang ist zu erwähnen, daß sich insbesondere im Oxford des späten 14. Jahrhunderts das naturwissenschaftliche Interesse auf astronomische Studien richtete, und wir haben Grund zu der Annahme, daß Chaucer durch Oxforder Freunde mit dem aktuellen Stand der wissenschaftlichen Diskussion vertraut war. Dies belegt jedenfalls sein sehr interessantes wissenschaftliches Prosawerk *Ein Traktat über das Astrolabium.* Ein Astrolabium ist ein Instrument, mit dem sich die Nachtstunden sowie die Örter, Auf- und Untergänge von Gestirnen ermitteln lassen. Besonders gern wurde es indes zur Erstellung eines Horoskops benützt. Chaucer verfaßte das Werk für seinen zehnjährigen Sohn Lewis, von dem wir wissen, daß er in Oxford studierte. Auch mit diesem sachorientierten Prosatext ist Chaucer eine Meisterleistung gelungen. Es ist das erste Mal in England, daß ein Autor in der Volkssprache ein derartiges Thema ausführlich und systematisch abhandelt – und zwar mit ausgesprochener Kompetenz. Zugleich macht sich aber auch hier seine uns bekannte Skepsis bemerkbar: Chaucer, auf den die poetische Bildhaftigkeit des geozentrischen Weltbildes mit seinen Analogien zwischen Makrokosmos und Mikrokosmos eine große Attraktivität ausübte, suchte sich dennoch Klarheit über die astrologische Bedeutung astronomischer Kenntnisse zu verschaffen. Er nimmt es offenbar als gegeben hin, daß astrologische Konstellationen einen Einfluß auf den Menschen haben, daß außerdem die Planeten die Gesundheit des Menschen zu beeinträchtigen und Krankheiten entstehen zu lassen vermögen. Unmißverständlich bemerkt Chaucer jedoch, als er auf den Begriff des Aszendenten zu sprechen kommt, daß der Mensch in der Freiheit seines Handelns durchaus nicht durch astrologische Einflüsse beeinträchtigt werde: *Dies ist angewandte Astrologie, wie sie von den Heiden praktiziert wurde, woran ich selbst nicht glaube.*[186] Hier weiß er sich im Einklang mit Thomas von Aquin und Dante.[187] Viele Figuren in den *Canterbury Tales* freilich vertrauen dennoch auf den Wahrsagecharakter eines Horoskops. So hatte der clevere Nicholas den alten Zimmermann durch seine angeblichen astrologischen Studien von einer unmittelbar bevorstehenden zweiten Sintflut überzeugt. Und, um ein weiteres Beispiel zu nennen, selbst der Hahn in der Erzählung des Nonnenpriesters weiß sich in Harmonie mit dem Wandel der Planeten. Doch diese Erzählung, eine außergewöhnliche Perle in der Kette der Erzählungen, ist ein Sonderfall, der uns noch einmal zum Verweilen einlädt.

Der Traum des fabel-haften Hahns

Gerade in dieser Geschichte des Nonnenpriesters kommt Chaucers erzählerische Virtuosität in den *Canterbury Tales* zu höchster Entfaltung. Es ist schon oft bemerkt worden, daß wir die ganze Kunst der *Canterbury Tales,* ihre wichtigsten Formen, Themen und Motive gleichsam wie in einem Brennspiegel in dieser einen Geschichte vereint finden und daß wir hier unverstellt Chaucers eigene Stimme vernehmen. Schon der Anlaß für diese Erzählung gibt uns einen Hinweis auf ihre außergewöhnliche Bedeutung. Soeben hatte der Mönch eine lange Reihe mittelalterlicher Tragödien mit dem Thema des schicksalhaften Aufstiegs und Falls berühmter Männer vorgetragen; er war damit aber nicht zu Ende gekommen, denn der Ritter, von Anfang an dem Mönch nicht sonderlich gewogen, unternahm es, der mönchischen Monotonie Einhalt zu gebieten. Er schlägt vor, die pessimistischen Tragödien durch eine ganzheitliche Betrachtungsweise menschlicher Lebenserfahrungen zu ersetzen, und zu diesen gehöre auch das Erlebnis des Glücks. Harry Bailly fordert nun den auf einem alten Gaul reitenden Nonnenpriester auf, das Spiel des Um-die-Wette-Erzählens sozusagen im Geist des Ritters fortzusetzen. Klug wählt sich der Nonnenpriester, die Mahnung des Ritters beherzigend, sein Thema: eine Erzählung, in der die Hauptfigur zunächst fast ein tragisches Geschick erleidet, sich aber dann doch dem Verhängnis entwinden kann, wogegen ihr Feind, der schon glaubt, Fortunas Günstling zu sein, eine verdiente Enttäuschung erlebt. Groß ist also der Kontrast zu der vorangegangenen Erzählsituation, nur: Die Akteure der jetzigen Geschichte sind nicht Menschen, sondern Tiere, der Hahn und der Fuchs in der Fabel bzw. in einer Episode aus dem berühmten mittelalterlichen Tierepos «Roman de Renart»; sie werden von Chaucer äußerst kunstvoll weiterentwickelt und dienen als Parodie der heroischen Dichtung.

Aber Chaucer verfolgt noch weitere Absichten. Obwohl er die Konventionen der Tierfabel übernimmt und Hahn und Fuchs ganz selbstverständlich menschliche Eigenschaften zuschreibt, mündet die Geschichte nicht wie bei der Fabel in eine moralische Nutzanwendung; denn die Fabel ist nur das Skelett, das auf assoziative Weise mit vielen anderen Elementen umgeben wird. Der Hahn Chanteklär und seine Vorzugsfrau Pertelot besitzen menschliche Eigenschaften; sie werden mit köstlichem Humor wie intellektuell sich artikulierende, philosophisch und wissen-

Der Mönch.
Aus der Ellesmere-
Handschrift.
Huntington Library,
San Marino/Cal.

schaftlich gebildete Menschen beschrieben, die aber doch als Tiere in ein
ländliches, mit großer Detailtreue geschildertes Milieu gestellt sind.
Schauplatz ist das kärgliche Anwesen einer armen Witwe, die sich mit
ihren zwei Töchtern schlecht und recht durchschlägt. Außer drei Schwei-
nen, drei Kühen, einem Schaf mit Namen Malle besitzt sie vor allem einen Hahn und sieben Hennen. Das Alltagsleben und die Schönheit des
Hahns, eines Prachtexemplars seiner Gattung, werden detailliert geschildert: *Sein Kamm war röter als die Seekoralle, / Er war gezackt gleich
einem Festungswalle; / Schwarz war sein Schnabel wie Pechkohlen-
schein, / Und himmelblau erglänzten Fuß und Bein; / Die Krallen waren
weißen Lilien gleich, / Und sein Gefieder schien wie Gold so reich.*[188]
    Einmal jedoch wird das zufriedene Glück unseres Hahns getrübt durch
einen bösen Traum: Er schildert mit bewegten Worten, wie er darin in
größte Gefahr kam durch ein rötliches Tier mit spitzer Schnauze, das die
Gestalt eines Hundes hatte. Da er dem Traum eine ernstzunehmende,
warnende Bedeutung beimißt, möchte er am liebsten die Stange, auf der
er sitzt, nicht verlassen. Seine Frau Pertelot ist da allerdings anderer An-

sicht. Sie steht auf dem Standpunkt, Träume seien Schäume und ein Feigling sei, wer sich nach ihnen richte. Sie führt den Traum auf eine Verdauungsstörung zurück und empfiehlt ihm daher, durch den Verzehr von Würmern und entsprechend wirksamen Kräutern für die Wiederherstellung seiner Gesundheit zu sorgen. Plötzlich sind wir also auf der rein animalischen Ebene gelandet. Chanteklär indes zeigt sich von ihrer Argumentation nicht überzeugt, und es entwickelt sich der aus den *Canterbury Tales* zur Genüge bekannte eheliche Dissens.

Um seinen Glauben an die Träume zu bekräftigen, erzählt Chanteklär nun eine Beispielgeschichte: Ein Mann erfährt im Traum, daß sein Bekannter soeben beraubt und aus Habgier ermordet worden ist. Durch seinen Wahrsagetraum kann der Mörder sogleich gefaßt werden. Noch eine ganze Anzahl weiterer Beispiele aus Mythologie und Geschichte für prophetische Träume hat der Hahn auf Lager. Aber überzeugt davon, die Ansicht seiner Frau, Träume hätten keine Bedeutung, sei zu ignorieren, beendet er den Streit, denn plötzlich packt ihn ein sinnliches Verlangen nach ihr. Hingerissen von ihrer Schönheit, macht er ihr auf lateinisch ein ironisches «Kompliment»: *Mulier est hominis confusio (Die Frau bringt den Mann in Verwirrung),* um es dann im schmeichelhaften Sinne zu «übersetzen» mit den Worten: *Des Mannes Lust und Segen ist die Frau.*[189] Und er fährt fort: *Denn fühl ich nachts nur Eure weiche Seite, / Ist's auch nicht möglich, daß ich auf Euch reite, / Denn, ach! der Platz auf unsrer Stange fehlt, / Fühl ich mich so von Freud und Lust beseelt, / Daß ich verlache Traum und Vision.*[190] Darauf fliegt er von der Stange, um ihre Liebe zu genießen.

Freilich, es dauert gar nicht lange, da zeigt sich, daß die Traumdeutung des Hahns doch etwas Wesentliches getroffen hatte. Er gerät nämlich in höchste Gefahr, da er die sichere Stange verlassen hat. Paradoxerweise beschert ihm tatsächlich seine Frau die «Konfusion» gerade deswegen, weil er sich durch ihre Reize hat verwirren und von seiner Deutung des Traums hat ablenken lassen.[191] Mit dem Hinweis: *Dies sind des Hahnes Worte, nicht die meinen,*[192] sichert sich der Erzähler jedoch sogleich ab gegen den Vorwurf, dies sei eine Bestätigung der traditionellen frauenfeindlichen Weibersatire. Tatsächlich erreicht Chaucer in diesem unübertrefflichen Meisterwerk, daß darin die gegensätzlichsten Standpunkte ihre Bestätigung finden. Denn auch die Frau hat recht mit ihrer Mißachtung des Traums: *«Pfui! alter Feigling!» fuhr sie auf ihn los, / «Bei Gott im Himmel, ach!, sei es geschworen, / Ihr habt mein Herz und mein Vertraun verloren. / Dem Feigling muß die Liebe ich versagen! / Denn sicher ist, wie alle Frauen sagen, / Wir alle wünschen, wenn's geschehen kann, / Daß herzhaft, klug und gütig unser Mann, / Dazu verschwiegen, ohne Knauserei / Und auch, bei Gott, kein Narr und Prahlhans sei, / Der gleich bei jedem Spuk gerät in Schrecken.»*[193] Wohl droht ihrem Gatten Gefahr, aber er kann sich durch kluges Handeln auch wieder aus ihr befreien. Die

Reineke Fuchs
überlistet
den Hahn.
Holzschnitt
aus «Reyneke
Vosz».
Lübeck 1592

Klage des Erzählers über die schicksalhafte Vorherbestimmung menschlichen Handelns ist somit nur als Ironisierung dieses bei Chaucer immer wieder anklingenden Themas zu werten.

Erst jetzt wird die eigentliche Tierfabel, das Kernstück der Erzählung, eingeleitet – und zwar in dem idyllischen Moment, als der Hahn sich anschickt, wunderschön zu singen, und als seine Pertelot gerade ein Sonnenbad nimmt. Durch die meisterhafte Erzählung werden wir Zeuge, wie der Hahn plötzlich den Fuchs im Gemüse wahrnimmt und wie er angesichts der Gefahr sogleich jede Pose aufgibt und nur noch als bedrohte Kreatur reagiert: *Worauf er gar nicht mehr ans Krähen denkt / Und nur «kluck, kluck» schreit und vom Boden springt, / Wie einer, dem der Schreck das Herz durchdringt.*[194] Mit sprichwörtlicher Schläue erbittet sich nun der Fuchs vom Hahn eine Probe seiner Gesangskunst, um ihn dadurch zu überlisten. Der Trug gelingt, der Fuchs packt die Beute beim Hals und eilt mit ihr in den Wald. Die nun einsetzende Verfolgungsjagd ist der realistische Höhepunkt der ganzen Erzählung:

Die gute Witwe und die Töchter zwei
Vernahmen ihrer Hühner Angstgeschrei.
Sie stürzten aus der Tür sogleich darauf
Und sahn den Fuchs, wie er im vollen Lauf
Den Hahn auf seinem Rücken trug zum Wald.
Sie schrien: «O weh! Hallo! He! Halt ihn! Halt!

111

Hoho! Der Fuchs!» und rannten hinterher,
Mit Stöcken folgten viele andre mehr.
Und Colle rannte, Talbot und Gerland
Und Malchen mit der Spindel in der Hand;
Es rannten Kuh und Kalb, und aus den Ställen
Die Schweine, die verstört vom Hundebellen
Und von der Fraun und Männer Ruf entsetzt,
Sind bis zum Herzzerreißen losgewetzt,
Wobei sie ein Gequiek wie Teufel machten.
Die Enten schrien, als wollte man sie schlachten;
Die Gänse flogen über Bäume, Hecken,
Die Bienenschwärme kamen aus den Stöcken [...][195]

Doch der Hahn, der es durch eine Gegenlist zuwege bringt, daß der Fuchs sein Maul zum Sprechen öffnet, fliegt auf einen hohen Baum. Ein Versuch des Fuchses, ihn durch eine Schmeichelrede zurückzugewinnen, bleibt ohne Erfolg.

Als der Nonnenpriester mit seiner Erzählung zu Ende gekommen ist, lobt der Wirt den heiter-gelösten Charakter der Geschichte. Mit voller künstlerischer Absicht ist der Nonnenpriester als Erzähler keine individuell charakteristische Person; denn dadurch vermag die Geschichte ganz durch sich selbst zu wirken. Ihre Einzigartigkeit liegt darin, daß sie sozusagen im Kleinformat alle Vorzüge der *Canterbury Tales* in sich vereinigt.

Es ist darum auch bezeichnend, daß bei dieser Fabel zwar viele Themen angeschnitten werden, daß es jedoch der Erzähler dem Leser überläßt, sich einen brauchbaren Inhalt zu suchen: *Und kommt euch die Erzählung töricht vor,/Weil sie vom Fuchs und Hahn, von Hühnern spricht,/Zieht, Leute, die Moral aus der Geschicht./Denn Paulus sagt, was aufgeschrieben ist,/Dient uns zur Lehre nur, wie ihr wohl wißt;/Die Frucht nehmt hin und laßt die Spreu allein.*[196] Es ist hier die Brillanz der Erzählung selbst, die unser ganzes Interesse auf sich zieht und die gerade durch die Kontrastierung des Heterogenen – etwa des Hahns mit der «Aeneis» – größte Wirkung erzielt. Wir erkennen, wozu Rhetorik fähig ist, wenn sie selbst diesen trivialen Stoff auf ein episches Niveau zu heben und nach mockheroischer Art zu persiflieren vermag. Wir werden an philosophische und letzte theologische Fragen herangeführt und vergessen zugleich doch nie die Bauernhofwelt, wo Tiere die Sprecher und Akteure sind. Hier erleben wir vielleicht am deutlichsten den befreienden karnevalesken Spielcharakter, den die *Canterbury Tales* bei allem Ernst in der Thematik doch auch besitzen.[197] Das Etablierte, Orthodoxe muß sich immer wieder einer saturnalischen Umkehrung der Werte, einer Parodie und Persiflage aussetzen lassen. Und dahinter wird nun wiederum ein bedeutender Zug in Chaucers Persönlichkeit sichtbar: Die Vielfalt der Per-

Ausschnitt aus der Gough-Landkarte der Britischen Inseln mit dem Pilgerweg London–Rochester–Canterbury. Um 1360. Bodleian Library, Oxford. Auf der Karte liegt Osten oben. London ist rechts von der Bildmitte zu erkennen, Rochester und Canterbury darüber.

spektiven in seiner Dichtung ist nur möglich, weil ihm selbst das Leben eine erstaunliche Fülle divergierender Erfahrungen gebracht hat und weil er es mit der ihm eigenen Neugier vorzog, zu immer neuen Erfahrungen «unterwegs» zu sein. Darum ist es so konsequent, daß die Frage des Wirts: *Was bist du für ein Mann?*[198], die er an den Wallfahrer Chaucer richtet, letztlich unbeantwortet bleibt.

Doch ist das Schlußwort in den *Canterbury Tales* noch nicht gesprochen, und noch haben die Pilger den Abend nicht erreicht, ebensowenig wie Chaucers eigener Lebensweg schon zu Ende gekommen ist. Da er wohl bis zuletzt am Abschluß der *Canterbury Tales* arbeitete, gilt es nun, die Erzählung seines Lebens zu vervollständigen.

Bauen im Mittel-
alter. Aus der
«Holkham Bible».
Um 1327–35

Turnier. Aus der «Histoire du Petit Jehan de Saintre». 15. Jahrhundert

Ein Mann fällt unter die Räuber. Aus «La estoire de Seint Aedward le Rei». Mitte 13. Jahrhundert. Cambridge University Library. Ausschnitt

Der Reise Ziel und Ende

In seinem letzten Lebensjahrzehnt hatte sich Chaucer bemüht, belastende berufliche Verpflichtungen loszuwerden. Im Jahre 1389, als Richard II. sich angesichts seiner Volljährigkeit regierungsfähig erklärte, war Chaucer nämlich mit der Aufsicht über die königlichen Bauten betraut worden. Dieses neue Amt brachte auch eine Zusammenarbeit mit Henry Yevele, dem großen Architekten und Erbauer von Richards II. Westminster Hall, mit sich. Zu seinen Aufgaben gehörte es ferner, das Gerüst für das glanzvolle Turnier in Smithfield im Jahre 1390 zu erstellen, von dem uns der Chronist Froissart berichtet. Wieder waren mit diesen Aufgaben auch häufige Reisen verbunden, die nicht nur beschwerlich, sondern zudem sehr gefährlich waren; denn da er auch Löhne auszubezahlen hatte, trug er gelegentlich größere Geldsummen mit sich. Als ihn eines Tages sein Weg an einer Eiche vorbeiführte, die mit dem Namen «Foul Oak» als verrufener Ort bekannt war, ereignete sich das Vorhersehbare: Er wurde von drei Männern überfallen, beraubt und sogar verwundet. Sein Pferd, königliche Gelder im Wert von 20 Pfund und was er sonst bei sich trug, kamen ihm dabei abhanden. Doch dabei blieb es nicht; in den darauffolgenden drei Tagen sollte er noch zweimal beraubt werden. Es gehört daher wenig Phantasie dazu, sich vorzustellen, daß diese belastenden Umstände wesentlich zu seinem Entschluß beigetragen haben, schon bald um Befreiung von diesem Amt nachzusuchen.

Richard II. übergibt die Krone an Henry Bolingbroke. Miniatur aus den
«Chroniques de France et d'Angleterre» von Jean Froissart

Er beschränkte sich nun auf die Tätigkeit als Unterförster im Park von
North Petherton, eine Stelle, die er seit 1390 innehatte. Allerdings kam
er in den letzten Lebensjahren zeitweilig in finanzielle Schwierigkeiten,
obwohl ihm sein Jahresgehalt auch nach dem Regierungswechsel weiter-
gezahlt worden war. In seinem wahrscheinlich letzten Gedicht, in dem
Chaucer den Ernst seiner pekuniären Situation mit effektvoller Komik
zur Sprache bringt, wendet er sich an seinen leeren Beutel als an seine
Herzensdame, die nicht mehr *leicht* sein, sondern wieder *schwer* werden
möge[199] – man beachte die erotische Konnotation. Das Gedicht schickt er
nach Richards Absetzung mit einer Begleitstrophe an den neuen König
Heinrich IV., der offenbar ziemlich prompt darauf reagierte und ihm
seine Jahresrente verdoppelte.

Im übrigen hatte Chaucer ein eigenes Verhältnis zu materiellem Besitz. Wir erinnern uns an seine satirische Kritik an der allgegenwärtigen
Habgier. Aber er ist kein Asket und weiß die Annehmlichkeiten des Lebens zu genießen, und in der Erzählung des Melibeus, die er als Pilger
vorträgt, verurteilt er auch keineswegs den Besitz von materiellen Gü-
tern, stammt er doch selbst aus dem kaufmännischen Bürgertum.

Als sich das Jahrhundert seinem Ende nähert, tritt ein Ereignis ein, das
ihn sehr getroffen haben muß: die Absetzung Richards II. im Jahre 1399.
Dies war ein ungeheurer Vorgang. Richards charakterliche Unberechen-

barkeit und Regierungsschwäche, seine Rachsucht wie sein mangelnder Realitätssinn lösten bei den Peers erbitterte Machtkämpfe aus. Angesichts der politischen Mißstände hüllte sich Chaucer auch als Hofbeamter keineswegs in Schweigen, wie wir bereits beobachten konnten. Er richtete sogar ein Mahngedicht an Richard, in dem er ihn aufforderte, dafür zu sorgen, daß *un erbrüchliche Treue* wieder ins Land kehre, daß *Falschheit* der *Wahrheit* Platz machen müsse und daß die besonderen Laster der Zeit, *Gewinnsucht* und *Selbstherrlichkeit* [200] überwunden werden müßten.

Chaucer, der in diesen wirren Zeitläuften als Hofbeamter im Dienst des Königs stand, konnte nicht umhin, in die ausgebrochenen Kämpfe der verfeindeten Parteien hineingezogen zu werden. Manche seiner Freunde mußten indes später ihre Bindung zu Richard mit dem Leben bezahlen. Er hingegen hatte Glück, indem er es nicht versäumte, durch seine persönlichen Beziehungen zu Johann von Gent auch die Kontakte zur Lancaster-Gegenpartei aufrechtzuerhalten, die dann Johanns Sohn Henry Bolingbroke zum neuen König Heinrich IV. machte.

Wenn wir bereits bemerkten, daß Chaucer die beruflichen Lasten wohl in zunehmendem Maße drückten, so wird dies uns auch aus dem sogenannten Harvard-Porträt bestätigt. Der Dichter schaut aufmerksam und intensiv in die Weite, der Blick ist allerdings überschattet von leiderfahrener Melancholie, die nur leicht aufgehellt wird durch ein heiteres Spiel der Lippen. Die übrigen Gesichtszüge verraten eine bis zur Weichheit gehende Gefühlsintensität. In der rechten Hand hält Chaucer ein Federhalterutensil als Symbol seines Dichterberufs. Nicht zufällig weist die das Schreibgerät haltende Hand auf Chaucer zurück: Es ist eine Geste, die sein dichterisches Selbstbewußtsein unterstreicht. Die Kleidung erweckt keinerlei höfische Assoziationen; sie ist hochgeschlossen und bewußt einfach gehalten. Den Kopf bedeckt eine Art Turban, der in eine Schleppe ausläuft. Gerade die Einfachheit der Kleidung, die Betonung ihrer Funktion als Arbeitsgewand und der entschiedene Verzicht auf Repräsentation drücken den «Stolz des sich seiner gesellschaftlichen Bedeutung bewußten Bürgertums» [201] aus. Freilich, aus den Dokumenten, die aus dieser Zeit überliefert sind, gewinnt man den Eindruck, daß ihn angesichts der politischen Auseinandersetzungen auch eine gewisse resignative Müdigkeit überkam: *Hier ist kein Zuhause, hier ist nur Wildnis,* [202] heißt es in einem seiner Gedichte. Es mutet fast an wie ein endgültiger Rückzug aus der Welt, wie ein konsequenter Verzicht auf die vita activa, wenn er im Jahre 1399, am Tag vor Christi Geburt, einen Pachtvertrag für eine Wohnung im Garten der Lady Chapel der Westminster Abbey unterzeichnet, der den damaligen Bestimmungen entsprechend eine Laufzeit von 53 Jahren hatte. Gleichzeitig merkt man schon die Absicht, «sein Haus zu bestellen» und die Bilanz seines Lebens und vor allem seines literarischen Schaffens zu ziehen.

Geoffrey Chaucer. Das «Harvard-Porträt». 1400

Die Sonne sinkt

Noch waren die *Canterbury Tales* in einem sehr fragmentarischen Zustand; vorhanden waren acht Textgruppenfragmente von miteinander
verbundenen Erzählungen. Chaucer wußte wohl, er würde das Werk
nicht mehr vollenden können. Die Annahme, daß er bis zuletzt an seinen
Canterbury Tales arbeitete, erhält nämlich größte Wahrscheinlichkeit,
wenn man sich das Ausmaß seines Gesamtwerks vergegenwärtigt, das er

Ein Schreiber
im Mittelalter.
Aus Bedas «Leben
des hl. Cuthbert».
Spätes
12. Jahrhundert

neben seinem sehr strapaziösen Hauptberuf zu schaffen imstande war.
Es ist uns nicht bekannt, wie seine genaue Vorstellung der Gesamtstruktur, der endgültigen Anordnung der Geschichten aussah. Doch hat er
wohl noch Versuche einer gliedernden Ordnung unternommen. Durch
ein Gedicht auf seinen allzu nachlässigen Schreiber Adam wissen wir, wie
sehr sich Chaucer selbst um die exakte Überlieferung seiner Werke kümmerte. In diesem Gedicht beklagt er sich: *Adam […] schreib mir meine
Werke genau ab! Wie oft muß ich täglich deine Arbeit vornehmen, um sie
zu korrigieren, die Fehler auskratzen und das Pergament anschließend
glätten. Und all das kommt von deiner Schlamperei und Hudelei.*[203] Vieles
spricht jedenfalls für die Annahme, daß die um 1410 entstandene Pracht-
handschrift, das «Ellesmere Manuscript», heute in der Huntington

Library im kalifornischen San Marino, die Textgruppen nach Chaucers eigenen Vorstellungen geordnet wiedergibt.[204] Ein phantasievoll-ornamentaler prächtiger Randschmuck und ein Porträt jedes Wallfahrers unterstreichen die besondere Bedeutung dieser Handschrift.

Im letzten, die Erzählungen verbindenden Zwischenglied bemerkt Harry Bailly: *Herrschaften alle, hört, ich meine,/Es fehlt uns an Geschichten nur noch eine.*[205] Chaucer, der von Anfang an die Wallfahrt auch als ein Symbol der menschlichen Lebensreise verstand, läßt die Vorbereitung auf sein eigenes Lebensende zusammenfallen mit dem Versuch, die *Canterbury Tales* nicht notdürftig, sondern endgültig abzuschließen, indem er den Wirt sich an den Dorfpfarrer mit der Bitte um eine Geschichte wenden läßt. Auch die Pilger sind nun, da die sinkende Sonne den Abend ankündigt, – fast – am Ziel. Nun ist es Zeit, das «Spiel» des Geschichtenerzählens durch «existentiellen» Ernst zu ersetzen und die letzten Dinge ins Blickfeld zu rücken. So beginnt der Dorfpfarrer mit einer Bußpredigt, die er eine *Meditation*[206] nennt. Für den heutigen Leser, der sich an der großartigen Spiegelung der bunten Vielfalt menschlicher Verhältnisse delektiert, ist dieser Schluß schwer verständlich; man versucht ihn irgendwie wegzurationalisieren oder gar zu ignorieren. Doch für Chaucer und seine Zeit hatte diese Schlußbetrachtung große Bedeutung. Der Pfarrer war ein sehr aufmerksamer Zuhörer der erzählenden Pilger; jetzt trägt er seine Gedanken zu dem, was er vernahm, vor und kommentiert die einzelnen Sünden, die in den Erzählungen zur Sprache kommen. Der Kern der Bußmeditation des Pfarrers ist die Notwendigkeit der Gottes- und Nächstenliebe, ein Thema, das er mit humanistischem, vorwiegend stoischem Gedankengut *der alten Heiden*[207] durchsetzt. Damit gibt er seine eigene Antwort auf die langen Diskussionen in den *Canterbury Tales* zur Frage, wer über wen herrschen solle; ja er radikalisiert dieses Problem durch den Hinweis, der Mensch wolle nicht nur selbst herrschen, sondern werde auch seinerseits von gottfernen Strebungen beherrscht. Somit ist dieser Traktat eng mit dem Gesamtwerk der *Canterbury Tales* verwoben. Freilich, selbst beim Pfarrer läßt Chaucer noch ein wenig seine spezifische Ironie mitschwingen. Denn der Pfarrer kommt alsbald so in Fahrt, daß er die vernünftige Empfehlung des Wirts, er solle *erbaulich und prägnant zugleich*[208] sprechen und sich kurz fassen, überhört und sich um Maß und Proportion nicht kümmert. Außerdem bietet auch der Pfarrer nur eine begrenzte Perspektive in seiner Predigt, denn allzusehr insistiert er auf dem Thema «Sünde», während sich der Wirt Harry Bailly in seinem Schlußwort mit der göttlichen Gnade begnügt.[209]

Der Pfarrer thematisiert auch die biblische Aussage, der Mensch sei zur rechten Nutzung seiner Zeit verpflichtet und müsse über jeden gelebten Augenblick Rechenschaft ablegen: *Und der heilige Bernhard sagt: «Dort werden keine Klagen und keine List nützen können; wir werden*

Thomas Becket wird von Rittern König Heinrichs II. ermordet.
V.l.n.r.: Moreville (ohne Helm), Fitzwise (mit dem Bären auf dem Schild),
Le Bret (Schwert mit abgebrochener Spitze), Tracy (zielt mit seinem Schwert
auf den Mönch Grim). Um 1195

Chaucers Grabmal, errichtet von Nicholas Brigham 1556.
Westminster Abbey, London

über jedes unnütze Wort Rechenschaft ablegen.»[210] Nun geschieht etwas
Bezeichnendes: Von diesem Thema fühlt sich zuletzt auch der Dichter
Chaucer sozusagen existentiell gefordert. Auch er stellt sich die Frage,
ob er seine Zeit, die sich ihrem Ende nähert, im christlichen Sinne zuge-
bracht habe. Seine Antwort enthält er uns nicht vor, sondern beschließt
mit einem sogenannten *Widerruf*[211] sein Hauptwerk. Er gibt damit zugleich ein sehr persönliches und «exemplarisches» Beispiel jener Selbst-
prüfung, zu welcher der Pfarrer aufforderte – ein höchst berührender
Vorgang in der mittelalterlichen Literatur. Natürlich konzentriert sich
Chaucer dabei auf seine Tätigkeit als Autor. Er läßt nur mehr wenige eigene Werke gelten. Unter ihnen befindet sich seine wichtige Übersetzung von Boethius' «Trost der Philosophie», eines Buches, das ihm viel
bedeutete und das auch noch heute auf den Leser eine große Wirkung

auszuüben vermag. Schon im «Rosenroman» stand zu lesen, wer Boethius übersetze, erweise dem Menschen einen großen Dienst. Doch die meisten seiner anderen Werke widerrief er; er bereute die Abfassung jener Texte, *die mit Sünde zu tun haben*[212]. Für uns freilich gehören gerade sie zu den großen Leistungen, um derentwillen wir diesen Dichter besonders schätzen. Wir sollten Chaucers Verunsicherung jedoch ernst nehmen als Symptom einer letzten Identifikation mit der Mentalität des Mittelalters. Es gab andere, deren Zweifel noch größere Folgen hatten: Acht Jahrzehnte später etwa hatte der Maler Hugo van der Goes durch derartige Ängste mit schweren Depressionen zu kämpfen. Bedrängt von der Angstvorstellung, zu den Verdammten zu gehören, trat er in ein Kloster ein. Chaucer dagegen zog in ein Haus im Schutz der Westminster Abbey ein. In ihr wurde er auch beigesetzt, der erste unter jenen großen englischen Dichtern, die in der berühmten «Dichterecke» («Poets' Corner») des südlichen Querschiffs ihre letzte Ruhe fanden. Sein in späterer Zeit errichtetes Grabmal nennt als Todesdatum den 25. Oktober 1400.

Geoffrey Chaucers
Siegel

Anmerkungen

1 Thomas Hoccleve, zit. nach J. A. Burrow (Hg.): Geoffrey Chaucer, A Critical Anthology. Harmondsworth 1969, S. 41
2 Vor allem in seinem Drama «Troilus und Cressida»
3 B. Tuchman: Der ferne Spiegel. Das dramatische 14. Jahrhundert. München 1982; einen guten historischen Überblick gibt K. Kluxen: Geschichte Englands. Stuttgart ⁴1991
4 Z. B. J. Lydgate in: D. Brewer (Hg.): Chaucer The Critical Heritage. Bd. 1. London 1978, S. 57
5 Zur Biographie Chaucers vgl. bes. D. R. Howard: Chaucer and the Medieval World. London 1987
6 M. Lehnert (Hg. und Übers.): Chaucer. Canterbury Erzählungen. Frankfurt a. M. 1987, S. 454 (hinfort zitiert: Lehnert: Chaucer)
7 *Die Legende der guten Frauen (The Legend of Good Women)*. In: The Riverside Chaucer. Hg. von L. D. Benson. Boston 1987, S. 591 (hinfort zitiert: The Riverside Chaucer)
8 Lehnert: Chaucer, S. 44
9 Vgl. dazu bes. P. Strohm: Social Chaucer. Cambridge/Mass., London 1989, S. 1 ff., und R. F. Green: Poets and Princepleasers. Toronto, Buffalo, London 1980, S. 13 ff.
10 Dazu auch: English Court Culture in the Later Middle Ages. Hg. von V. J. Scattergood und J. W. Sherborne. New York 1983, S. 31
11 Dazu Th. Wolpers: Bürgerliches bei Chaucer. Mit einer Skizze des spätmittelalterlichen London. Göttingen 1980
12 J. W. Sherborne, in: Scattergood: English Court Culture, a. a. O., S. 25
13 Zit. nach R. F. Yeager: John Gower's Poetic. Woodbridge 1990, S. 9
14 Dieser Topos begegnet bereits bei Juvenal: Satiren VIII, 21 f.
15 Vgl. bes. die sehr einfühlsame Interpretation von W. Clemen: Chaucers frühe Dichtung. Göttingen 1963, S. 36 ff.
16 *Das Buch der Herzogin (The Book of the Duchess)*. In: Riverside Chaucer, S. 330 ff. (meine Übers.)
17 Ebd., S. 341
18 Ebd., S. 346
19 Vgl. Strohm: Social Chaucer, a. a. O., S. 23
20 Howard: Chaucer, a. a. O., S. 169
21 Zu Heinrich IV. vgl. N. Ohler: Reisen im Mittelalter. München 1991, S. 170 f.
22 Diese «buona maniera moderna» rühmte bereits Boccaccio an Giotto (Decameron, VI, 5). Zu Giotto vgl. etwa E. Panofsky: Die Renaissancen der europäischen Kunst. Frankfurt a. M. 1979, S. 119 ff.

23 Lehnert: Chaucer, S. 491
24 K. Büchner (Hg. u. Übers.): Marcus Tullius Cicero. De re publica. Vom Gemeinwesen. Stuttgart 1979
25 Zu diesem Begriff vgl. H. R. Jauß: Alterität und Modernität der mittelalterlichen Literatur. München 1977, S. 9 ff. – Sehr gute Deutungen finden sich bei D. Brewer (Hg.): The Parlement of Foules. London 1960, und Clemen: Chaucers frühe Dichtung, a. a. O., S. 156 ff.
26 Vgl. dazu Clemen: Chaucers frühe Dichtung, S. 181
27 Zum Valentinsbrauch vgl. neuerdings K. Thiele-Dohrmann: Valentinstag. Frankfurt a. M., Leipzig 1992. Dort ist auch das Vogelparlament in der Übersetzung von M. Lehnert auszugsweise abgedruckt.
28 Ebd., S. 27
29 Ebd., S. 31
30 Ebd.
31 Ebd.
32 Ebd., S. 32
33 Ebd.
34 Ebd., S. 33
35 The Riverside Chaucer, S. 394, und A. v. Düring: Geoffrey Chaucer. Werke. Bd. 1. Straßburg 1883, S. 317. Zum politischen Charakter dieser Dichtung vgl. auch P. A. Olson: The Parlement of Foules. Aristotle's Politics and the Foundations of Human Society. In: Studies in the Age of Chaucer 2 (1980), S. 53–69
36 The Riverside Chaucer, S. 361
37 Zit. nach Düring: Geoffrey Chaucer, a. a. O., S. 24
38 The Riverside Chaucer, S. 357
39 Zit. nach Düring: Geoffrey Chaucer, a. a. O., S. 21
40 Ebd.
41 Thomas Mann: Der junge Joseph. In: Joseph und seine Brüder. Frankfurt a. M. 1964, S. 340
42 Ebd., S. 341
43 Ebd., S. 344
44 Zitiert nach Düring: Geoffrey Chaucer, a. a. O., S. 54 u. S. 56
45 D. A. Carozza, H. J. Shey: Petrarch's Secretum. New York 1989, S. 48
46 Zitiert nach Düring: Geoffrey Chaucer, a. a. O., S. 73
47 Ebd., S. 75
48 Vgl. hierzu J. O. Fichte: Chaucer's ‹Art Poetical›. A Study in Chaucerian Poetics. Tübingen 1980
49 M. Eliade: Mythen, Träume und Mysterien. Salzburg 1961, S. 154
50 The Riverside Chaucer, S. 370 (meine Übers.). Zum «House of Fame» vgl. bes. Clemen: Chaucers frühe Dichtung, a. a. O., S. 61 ff. und S. Delany: Chaucer's ‹House of Fame› and the Poetics of Skeptical Fideism. Chicago, London 1972
51 Zit. nach Düring: Geoffrey Chaucer, a. a. O., S. 27
52 Zit. nach ebd., S. 28 f.
53 Zum Josephsroman vgl. etwa K. Hamburger: Thomas Manns biblisches Werk. München 1981, S. 19–173
54 Darüber informiert gut Howard: Chaucer, a. a. O., S. 256 ff. und S. 314 ff.
55 Zit. nach Burrow: Geoffrey Chaucer, a. a. O., S. 47
56 Zu diesen Vermutungen vgl. D. Brewer: Chaucer and his World. New York 1978, S. 42

57 Vgl. zu dieser Frage etwa H. Braddy: Chaucer, Alice Perrers and Cecily Champaigne. In: Speculum 52 (1977), S. 906 ff.

58 The Riverside Chaucer, S. 262 f. (meine Übers.)

59 Lehnert: Chaucer, S. 537

60 Dies hat bereits sein Zeitgenosse Thomas Hoccleve erkannt. Zu Vergils Epos vgl. etwa P. Grimal: Vergil. Biographie. Zürich, München 1987, S. 169 ff.

61 Dieses Epos und die vorangegangene mittelalterliche Erweiterung des Trojastoffes durch Benoît de Sainte-Maure sind in Übersetzung leicht zugänglich in: R. K. Gordon (Hg.): The Story of Troilus. Toronto 1979

62 The Riverside Chaucer, S. 483 (meine Übers.)

63 Ebd., S. 495. Vgl. bes. L. D. Benson: Courtly Love and Chivalry in the Later Middle Ages. In: Fifteenth Century Studies. Hg. von R. F. Yeager, Hamden/Conn. 1984

64 Etwa im «Cligès» des Chrétien de Troyes

65 The Riverside Chaucer, S. 478 f. (meine Übers.); vgl. auch R. Waswo: The Narrator of Troilus and Criseyde. In: English Literary History 50 (1983), S. 1 ff.

66 D. Brewer: Chaucer's Anti-Ricardian Poetry. In: The Living Middle Ages. Festschrift für K. H. Göller. Hg. von U. Böker, M. Markus, R. Schöwerling. Stuttgart 1989. S. 126

67 The Riverside Chaucer, S. 500 (meine Übers.)

68 Ebd., S. 499

69 Ebd., S. 523 (meine Übers.)

70 Vgl. etwa D. Mehl: The Audience of Chaucer's Troilus and Criseyde. In: Chaucer's Troilus. Essays in Criticism. Hg. von S. A. Barney. Hamden/Conn. 1980, S. 211 ff.

71 Vgl. W. Erzgräber: Tragik und Komik in Chaucers Troilus und Criseyde. In: Festschrift für W. Hübner. Hg. von D. Riesner, H. Gneuss. Berlin 1964, S. 139–163

72 The Riverside Chaucer, S. 499 (meine Übers.)

73 Ebd., S. 524 (meine Übers.)

74 Ebd., S. 524 f. (meine Übers.)

75 Ebd., S. 513 f., Boethius 2.m8

76 The Riverside Chaucer, S. 543

77 O. Paz: Gedichte. Spanisch und deutsch. Frankfurt a. M. 1990, S. 74 f.

78 The Riverside Chaucer, S. 541

79 Ebd., S. 559

80 P. Watzlawik: Wie wirklich ist die Wirklichkeit? München, Zürich ³1976, S. 224 f.

81 Zu den wenigen Ausnahmen gehört D. Aers: Chaucer. Brighton 1986, S. 94 ff.

82 The Riverside Chaucer, S. 574

83 Vgl. zu diesem Thema neuerdings die anregende Studie von P. v. Matt: Liebesverrat. München 1991, der allerdings auf *Troilus und Criseyde* nicht eingeht.

84 The Riverside Chaucer, S. 571 (meine Übers.)

85 Heinrich Heine: Sämtliche Werke. Bd. 1, Essen o. J., S. 176

86 The Riverside Chaucer, S. 589

87 Ebd., S. 597

88 Vgl. R. M. Ames: The Feminist Connections of Chaucer's Legend of Good Women. In: J. N. Wasserman, R. J. Blanch (Hg.): Chaucer in the Eighties. Syracuse 1986, S. 60

89 E. McLeod: The Order of the Rose: The Life and Ideas of Christine de Pisan. London 1976, S. 42
90 Vgl. Ames: The Feminist Connections, a. a. O., S. 167
91 Zit. nach Düring: Geoffrey Chaucer, a. a. O., S. 167
92 Zitiert nach ebd., S. 169
93 Vgl. Ames: The Feminist Connections, a. a. O., S. 64. Zu modernen Tendenzen in diesem Werk vgl. auch S. Delany: Medieval Literary Politics. Shapes of Ideology. Manchester, New York 1990, S. 74 ff.
94 The Riverside Chaucer, S. 602
95 Zit. nach Düring: Geoffrey Chaucer, a. a. O., S. 170
96 Vgl. R. W. Frank: Chaucer and The Legend of Good Women. Cambridge/ Mass. 1972, S. 110
97 Zit. nach Düring: Geoffrey Chaucer, a. a. O., S. 155 f. Zu Chaucers Dichtungstheorie vgl. bes. R. O. Payne: The Key of Remembrance. New Haven 1963
98 Anatole France: Blaubarts Sieben Frauen. Frankfurt a. M. 1981, S. 166 f.
99 Dante: Divina Commedia. Inferno V, 63
100 The Riverside Chaucer, S. 605
101 Zitiert nach Düring: Geoffrey Chaucer, a. a. O., S. 179
102 Zitiert nach ebd., S. 187
103 Frank: Chaucer, a. a. O., S. 112
104 Strohm: Social Chaucer, a. a. O., S. 36
105 *Wahrhaftigkeit (Truth)*. In: The Riverside Chaucer, S. 653 (meine Übers.)
106 Lehnert: Chaucer, S. 41
107 Ebd.
108 I. A. Caruso, A. Rubner, zitiert bei Th. H. Macho: Todesmetaphern. Frankfurt a. M. 1987, S. 362
109 The Riverside Chaucer, S. 23; Lehnert: Chaucer, S. 41
110 T. S. Eliot: Das wüste Land. Englisch und deutsch, übers. v. E. R. Curtius. Frankfurt a. M. 1975, S. 41
111 Vgl. bes. J. Mann: Chaucer and Medieval Estates Satire. Cambridge 1973
112 The Riverside Chaucer, S. 24
113 Lehnert: Chaucer, S. 45
114 Ebd., S. 46
115 Ebd., S. 45
116 Ebd.
117 The Riverside Chaucer, S. 25 (meine Übers.)
118 Lehnert: Chaucer, S. 46
119 Ebd., S. 49
120 Ebd., S. 48
121 Ebd., S. 55
122 Ebd., S. 49
123 Ebd., S. 50
124 Ebd., S. 51
125 Ebd.
126 Ebd.
127 Ebd., S. 43
128 Ebd.
129 Vgl. F. Seibt: Glanz und Elend des Mittelalters. München 1991, S. 346
130 Lehnert: Chaucer, S. 57

131 Ebd., S. 60

132 Ebd., S. 64

133 Ebd., S. 62

134 Vgl. etwa D. Pearsall: The Canterbury Tales. London, Boston, Sydney 1985, S. 45

135 Lehnert: Chaucer, S. 461

136 Ebd., S. 576

137 Ebd.

138 The Riverside Chaucer, S. 36 (meine Übers.)

139 Vgl. Howard: Chaucer, a. a. O., S. 404 f.

140 Lehnert: Chaucer, S. 130 ff.

141 Simone Weil: Zeugnis für das Gute. Hg. u. übers. von F. Kemp. München 1990, S. 23

142 Vgl. etwa H. Cooper: The Canterbury Tales. Oxford Guides to Chaucer. Oxford 1989, S. 73

143 The Riverside Chaucer, S. 67. Zu den französischen Fabliaux vgl. etwa A. Gier (Hg.): Fabliaux. Altfranzösisch und deutsch. Stuttgart 1985

144 Lehnert: Chaucer, S. 139

145 Ebd., S. 155

146 Ebd., S. 139

147 J. Leyerle: Thematic Interlace in ‹The Canterbury Tales›. In: Essays and Studies 29, 1976, S. 107 ff.

148 Lehnert: Chaucer, S. 158

149 *Lenvoy de Chaucer a Bukton*. In: The Riverside Chaucer, S. 655

150 Ebd., S. 656

151 R. Pernoud: Christine de Pizan. München 1990, S. 98

152 A. David: The Strumpet Muse. Bloomington, London 1976, S. 135 ff.

153 Lehnert: Chaucer, S. 211

154 Ebd., S. 214

155 Mit ihrer Argumentation wendet sich die Frau aus Bath gegen keinen Geringeren als Augustinus. Dieser hatte die sexuelle Lust mit der Erbsünde in Verbindung gebracht und sie damit für den Christen zu entwerten gesucht. Dazu neuerdings E. Pagels: Adam, Eva und die Schlange. Reinbek 1991, S. 207 ff.

156 Wörtlich: «Wehe! Wehe! Daß man Lieben Sünde nennt!» (Lehnert: Chaucer, S. 228)

157 Lehnert: Chaucer, S. 231

158 P. v. Matt: Liebesverrat, a. a. O., S. 33 ff.

159 Lehnert: Chaucer, S. 237

160 Ebd., S. 241

161 Ebd., S. 319 u. S. 317

162 Ebd., S. 379

163 Für eine etwas andere Akzentuierung vgl. H. Bergner: Der gelöste Konflikt in Chaucer's Franklin's Tale. In: Liebe – Ehe – Ehebruch in der Literatur des Mittelalters. Hg. von U. v. Ertzdorff, M. Wynn. Gießen 1984, S. 140–147

164 Lehnert: Chaucer, S. 420 f.; vgl. zum folgenden bes. C. W. R. D. Moseley: Chaucer, The Pardoner's Tale. London 1987

165 Lehnert: Chaucer, S. 429

166 The Riverside Chaucer, S. 199; vgl. Cooper: The Canterbury Tales, S. 269

167 Lehnert: Chaucer, S. 435, vgl. auch Moseley: Chaucer, a. a. O., bes. S. 64 ff.
168 Lehnert: Chaucer, S. 436
169 Ebd., S. 444 f.
170 The Riverside Chaucer, S. 208
171 Ebd.
172 Ebd., S. 456
173 Ebd., S. 459
174 Cooper: The Canterbury Tales, a. a. O., S. 290 f.
175 Vgl. dazu auch J. Delumeau: Angst im Abendland. Die Geschichte kollekti-
ver Ängste im Europa des 14. bis 18. Jahrhunderts. Reinbek 1990, S. 412, und
S. Rohrbacher, M. Schmidt: Judenbilder. Kulturgeschichte antijüdischer Mythen und antisemitischer Vorurteile. Reinbek 1991
176 B. Boyd (Hg.): The Prioress's Tale. The Variorum Chaucer. Norman, London
1987, bes. S. vii und S. 17 ff.
177 Cooper: The Canterbury Tales, a. a. O., S. 294
178 Lehnert: Chaucer, S. 467
179 Ebd., S. 469
180 Vgl. G. Stillwell: The Political Meaning of Chaucer's Tale of Melibee. In:
Speculum 19 (1944), S. 433 ff., und R. F. Yeager: Pax Poetica. On the Pacifism
of Chaucer and Gower. In: Studies in the Age of Chaucer 9 (1987), S. 97 ff.
181 The Parson's Tale. Übers. von F. Kemmler. In: Geoffrey Chaucer: Die Canterbury Erzählungen. Mittelenglisch und deutsch. Bd. 2, München 1989,
S. 870 f.
182 The Riverside Chaucer, S. 270 (meine Übers.)
183 Vgl. Dante, Inferno XXIX
184 Lehnert: Chaucer, S. 563
185 Ebd., S. 569
186 The Riverside Chaucer, S. 671 (meine Übers.)
187 Zu Thomas von Aquin und Dante vgl. J. D. Sinclair: The Divine Comedy of
Dante Alighieri. Bd. 1, Oxford 1971, S. 256 ff.
188 Lehnert: Chaucer, S. 505
189 Ebd., S. 514
190 Ebd.
191 C. A. Owen. Pilgrimage and Storytelling. Norman 1977, S. 137
192 Lehnert: Chaucer, S. 516
193 Ebd., S. 506
194 Ebd., S. 517
195 Ebd., S. 520
196 Ebd., S. 521 f.
197 Vgl. etwa H. M. Leicester: The Disenchanted Self. Berkeley, Los Angeles,
Oxford 1990, S. 214 f.
198 The Riverside Chaucer, S. 212 (meine Übers.)
199 *Chaucers (Liebes)Klage an seine Börse (Complaint of Chaucer to his Purse)*.
In: The Riverside Chaucer, S. 656
200 *Der Verlust der Beständigkeit (Lak of Stedfastnesse)*. In: The Riverside Chaucer, S. 654
201 E. Thiel: Geschichte des Kostüms. Berlin 1973, S. 248
202 *Wahrhaftigkeit (Truth. Balade de Bon Conseil)*. In: The Riverside Chaucer,
S. 653 (meine Übers.)

203 *Chaucers Worte an seinen Schreiber Adam*. In: The Riverside Chaucer, S. 650 (meine Übers.)

204 Vgl. L. D. Benson: The Order of The Canterbury Tales, in: Studies in the Age of Chaucer 3 (1981), S. 77 ff.

205 Lehnert: Chaucer, S. 581

206 The Riverside Chaucer, S. 287

207 Kemmler: Geoffrey Chaucer, a. a. O., S. 1282

208 The Riverside Chaucer, S. 288 (meine Übers.)

209 Lehnert: Chaucer, S. 583, ersetzt den Begriff «grace» durch «Segen»

210 Kemmler: Geoffrey Chaucer, a. a. O., S. 1144

211 Solche Widerrufe hat es immer wieder gegeben; der bekannteste stammt von Augustin; speziell zu Chaucers Widerruf vgl. bes. D. Wurtele: The Penitence of Geoffrey Chaucer. In: Viator 11 (1980), S. 335–361

212 The Riverside Chaucer, S. 328 (meine Übers.). Auch Cervantes bekennt im frühen 17. Jahrhundert im Vorwort zu seinen «Exemplarischen Novellen»: «Wenn ich wüßte, daß das Lesen dieser Erzählungen bei irgend jemand einen ungeziemenden Wunsch erregen könnte, so würde ich mir die Hand, womit ich sie schrieb, lieber abhauen als sie ans Licht stellen. Ich befinde mich nicht in einem Alter, um mit der Zukunft Scherz zu treiben.» (Exemplarische Novellen. Frankfurt a. M. 1961, S. 10)

Zeittafel

1321	Tod Dantes
1327	Edward III. mit 14 Jahren zum König gekrönt
1338	Englische Invasion in Nordfrankreich, Beginn des Hundertjährigen Krieges
ca. 1340	Geburt Geoffrey Chaucers als Sohn des Weingroßhändlers John Chaucer in London
1346	Sieg Englands über Frankreich bei Crécy
1347	Calais von den Engländern erobert. Die opferbereiten sechs «Bürger von Calais» durch Fürspruch von Königin Philippa begnadigt
1348	Edward III. gründet den Hosenbandorden
1348–50	Die Pestepidemie dezimiert Englands Bevölkerung um ca. ein Drittel
1356	Großer Erfolg Englands im Krieg mit Frankreich in der Schlacht von Poitiers
1357	Erstes Dokument über Chaucers Leben: Er übernimmt den Pagendienst am Hof der Gräfin von Ulster und Gattin des Prinzen Lionel. Eine «Philippa Pan» (wahrscheinl. = «Paon») ebenfalls in diesem Haushalt
1359	Chaucer nimmt teil an den Hochzeitsfeierlichkeiten von Johann von Gent und Blanche von Lancaster. Er zieht im Gefolge von Prinz Lionel in den Krieg gegen Frankreich
1363	Tod der Gräfin von Ulster. Philippa Pan tritt in den Dienst von Königin Philippa
1366	Tod von Chaucers Vater. Chaucer tritt als Knappe bürgerlicher Herkunft in den Dienst des Königs. Vermutlich in diesem Jahr Heirat Chaucers mit Philippa Paon de Roet
	22. Februar–24. Mai: Chaucer erhält freies Geleit für eine Reise durch Spanien in unbekannter Mission
1368	Tod von Blanche, der Gattin Johanns von Gent. Chaucer in königlicher Mission in Frankreich
1369	*Das Buch der Herzogin* wird beendet. Im Gefolge Johanns von Gent nimmt Chaucer teil am Feldzug in Nordfrankreich. Tod der Königin Philippa
1370	20. Juni–29. September: Chaucer in königlicher diplomatischer Mission auf dem Kontinent
1371	Johann von Gent heiratet Prinzessin Costanza von Kastilien; Philippa Chaucer wird ihre Kammerdienerin
1372/73	Chaucer unternimmt am 1. Dezember eine Reise nach Genua und – in geheimer Mission – nach Florenz

1373	23. Mai: Rückkehr Chaucers. Vermutliches Geburtsjahr des Sohnes Thomas Chaucer
1374	Nach dem Erfolg seiner Mission in Italien wird Chaucer zum Kontrolleur der Zölle für Wolle, Felle und Häute ernannt. Er bezieht eine Wohnung über dem Stadttor von Aldgate
1374	Tod Petrarcas
1375	Tod Boccaccios
1376/77	Chaucer nimmt an den Friedensverhandlungen in Montreuil-sur-Mer teil
1377	Tod Edwards III. Übernahme der Regentschaft durch seinen zehnjährigen Enkel, Richard II.
1378	Chaucer wird zu Verhandlungen mit Bernabò Visconti in die Lombardei geschickt
ca. 1374–80	Vollendung von *Das Parlament der Vögel* und *Das Haus der Fama*
1381	Soziale Unruhen gipfeln im berühmten Bauernaufstand. Tod von Chaucers Mutter
1382	Richard II. heiratet Anna von Böhmen, die Schwester von König Wenzel
1384	Tod Wyclifs
1385/86	Chaucer übernimmt das Amt eines Friedensrichters für Kent
1386	*Troilus und Criseyde* vollendet; Beginn der Arbeit an der *Legende der guten Frauen*. Chaucer wird als Ritter der Grafschaft Kent ins Parlament gewählt und bezieht eine Wohnung in Greenwich (Kent). Richards Macht geschwächt. Beginn der Arbeit an den *Canterbury Tales*
1387	Vermutliches Todesjahr von Chaucers Frau Philippa. Chaucer reist nach Calais in unbekannter Mission
1388	Das sog. Gnadenlose Parlament tagt und beschließt Hinrichtungen, u. a. auch von einigen Freunden Chaucers
1389/90	Richard II. erlangt die volle Macht. Chaucer wird mit der Bauaufsicht über die königlichen Bauwerke betraut. Ihm wird ein Teil der Verantwortung für Mauern, Gräben etc. entlang der Themse zwischen Woolwich und Greenwich übertragen
1391	Chaucer legt seine Funktionen als königlicher Hofbeamter nieder. Er wird stellvertretender Forstbeamter für den Forst in North Petherton, Somerset
1394	Tod von Königin Anna und von Costanza von Kastilien
1395	Richard II. heiratet Isabella von Frankreich
1398	Tod Johanns von Gent
1399	Richard II. von Henry Bolingbroke, dem Sohn Johanns von Gent, abgesetzt. Chaucer bezieht eine Wohnung im Garten der Westminster Abbey. Richard II. ermordet
1400	Tod Chaucers, vermutlich am 25. Oktober

Zeugnisse

John Dryden
Mit Ovid endete das Goldene Zeitalter der lateinischen Sprache. Mit Chaucer begann die Reinheit der englischen Sprache. Die Kultiviertheit der beiden Dichter ist erstaunlich ähnlich. Beide waren sehr gebildet, besaßen einen guten natürlichen Charakter, waren verliebt und libertinistisch, jedenfalls in ihrem Werk, vielleicht auch in ihrem Leben. [...] Er folgte der Natur in allem, jedoch verstieg er sich nicht dazu, über sie hinauszugehen. [...] Chaucer muß ein Mensch von einer wundervoll vielseitigen, aufgeschlossenen Wesensart gewesen sein, denn man hat mit Recht bemerkt, daß er in die Welt seiner *Canterbury Tales* die verschiedensten Verhaltensweisen und Charaktere der ganzen englischen Nation in seiner Zeit aufgenommen hat.

William Blake
Die Charaktere der Chaucerschen Wallfahrer sind die Charaktere, die alle Zeiten und Nationen bevölkern: Wie ein Zeitalter ausläuft, hebt ein anderes an, das dem sterblichen Betrachter als andersartig erscheint, das aber für die Unsterblichen das immer gleiche ist. Denn wir erkennen, wie sich die gleichen Charaktere beständig wiederholen. [...] Chaucers Charaktere sind eine Darstellung der ewigen Prinzipien, die zu allen Zeiten gelten.

George Gordon, Lord Byron
Ungeachtet des großen Lobes, mit dem er bedacht wurde, halte ich Chaucer für obszön und verachtenswert: Seine Berühmtheit verdankt er doch nur seinem Alter.

Ralph Waldo Emerson
Chaucer nimmt sich sehr viel von anderen; sein Diebstahl läßt sich aber dadurch entschuldigen, daß das von ihm Übernommene noch keinen Wert besitzt, wenn er es vorfindet, aber den größten, wenn er es verarbeitet hat.
Repräsentanten des Menschengeschlechts, 1845

Virginia Woolf
Chaucer hat seine eigene Welt; er hat seine jungen Männer; er hat seine jungen Frauen. Wenn man sie streunend in Shakespeares Welt anträfe, würde man sie als Chaucers Geschöpfe erkennen, nicht die Shakespeares. [...] Chaucer war ein Dichter, aber er zuckte keinen Augenblick vor dem Leben zurück, wie es da in jedem Augenblick vor seinen Augen gelebt wurde. [...] Er heftete seinen Blick

auf den Weg vor sich, nicht auf die künftige Welt. [...] Fragen bedrängen ihn, er stellt sie, aber er ist zu sehr Dichter, um sie zu beantworten; er läßt sie ungelöst, unverkrampft durch eine Augenblickslösung und damit frisch für die nach ihm kommenden Generationen.

Der gewöhnliche Leser, 1925

Aldous Huxley
Chaucer protestiert nicht, er akzeptiert. Gerade diese Akzeptanz der Welt, wie sie ist, macht ihn so einzigartig unter den englischen Dichtern. Das stark ausgeprägte ethische Vorurteil, das sich gewöhnlich beim Engländer findet, ist ihm völlig fremd. Das Verhalten seiner Mitmenschen findet er nicht abschreckend, und er zeigt auch kein Verlangen, sie zu reformieren. Man kann sich nur wundern, warum der psychologische Roman so lange zu seiner Entstehung gebraucht hat. Denn erst im 18. Jahrhundert begannen die großen Erzähler, die sich der Prosa statt des dichterischen Versmaßes bedienten, die Geheimnisse zu entdecken, die bereits Chaucer im 14. Jahrhundert vertraut waren.

On the Margin, 1923

Ivan Illich, Barry Sanders
Chaucer, Defoe und Twain setzen die Marksteine in der Geschichte des Autors, der «Lügen» in die überzeugende Unwahrheit der Fiktion webt.

Das Denken lernt schreiben, 1988

Bibliographie

Die Literatur zu Chaucer ist inzwischen nahezu unüberschaubar. Es mußte daher eine sehr selektive, vorwiegend auf Monographien beschränkte Auswahl getroffen werden, wobei deutschsprachige Beiträge besonders berücksichtigt wurden.

1. Bibliographien, Forschungsberichte und andere Hilfsmittel

Allen, M., Fischer, J. H.: The Essential Chaucer: An Annotated Bibliography of Major Modern Studies 1900–84. London, Boston 1987
Baird-Lange, L. Y.: Bibliography of Chaucer 1964–73. Boston, London 1977
–, Schnuttgen, H.: A Bibliography of Chaucer. 1974–85. Hamden/Conn. 1988
Baugh, A. C.: Chaucer. Goldentree Bibliographies. New York ²1978
Crawford, W. R.: Bibliography of Chaucer 1954–63. Seattle 1967
Griffith, D. D.: Bibliography of Chaucer 1908–53. Seattle 1955
Hahn, Th. (Gesamtherausgeber der «Chaucer Bibliographies»; bisher sind folgende Bände erschienen:)
    Eckhart, C. D.: Chaucer's General Prologue to the Canterbury Tales. An Annotated Bibliography 1900 to 1982. Toronto, Buffalo, London 1990
    McAlpine, M.: Chaucer's Knigth's Tale. An Annotated Bibliography, 1894–1984. Toronto, Buffalo, London 1991
    Peck, R. A.: Chaucer's Romaunt of the Rose and Boece, Treatise on the Astrolabe, Equatorie on the Planetis, Lost Works and Chaucerian Apocrypha. Toronto, Buffalo, London 1988
    –: Chaucer's Lyrics and Anelida and Arcite. An Annotated Bibliography 1900–1980. Toronto, Buffalo, London 1988
Hammond, E. P.: Chaucer: A Bibliographical Manual. 1908. New York 1933
Leyerle, J., Quick, A.: Chaucer: A Bibliographical Introduction 1900–79. Toronto 1986

Die wichtigsten Jahresspezialbibliographien zur Chaucer-Forschung:

Chaucer Review, seit 1966; zusätzliche Informationen über «Research in Progress»
Neuphilologische Mitteilungen («Research in Progress»)
Studies in the Age of Chaucer, seit 1975 (Organ der New Chaucer Society)
Publications of the Modern Language Association

Forschungsberichte

Baugh, A. C.: Fifty Years of Chaucer Scholarship. In: Speculum 26 (1951), S. 659–672

Benson, L. D.: A Reader's Guide to Writings on Chaucer. In: Geoffrey Chaucer: Writers and their Background. Hg. von D. Brewer. Bd. 1, London 1974, S. 321–351

Bloomfield, M. W.: Contemporary Literary Theory and Chaucer. In: D. M. Rose (Hg.): New Perspectives in Chaucer Criticism. Norman/Okla. 1981, S. 23–36

Brewer, D.: The Criticism of Chaucer in the Twentieth Century. In: Chaucer's Mind and Art. Hg. von A. C. Cawley. Edinburgh, London 1969

Donaldson, E. T.: Chaucer in the Twentieth Century. In: Studies in the Age of Chaucer 2 (1980), S. 7–13

Ridley, F.: Questions Without Answers – Yet or Ever? New Critical Modes and Chaucer. In: Chaucer Review 16 (1981), S. 10–106

–: The State of Chaucer Studies: A Brief Survey. In: Studies in the Age of Chaucer 1 (1979), S. 3–16

Rooney, A.: Geoffrey Chaucer: A Guide Through the Critical Maze. Bristol 1989

Rose, D. M. (Hg.): New Perspectives in Chaucer Criticism. Norman/Okla. 1981

Handbücher, Nachschlagewerke

Andrew, M. u. a. (Hg.): The Chaucer Encyclopedia. In Vorb.

Besserman, L.: Chaucer and the Bible. A Critical Review of Research, Indexes and Bibliography. New York 1988

Boitani, P., Mann, J. (Hg.): The Cambridge Chaucer Companion. Cambridge 1986

Bowden, M.: A Reader's Guide to Geoffrey Chaucer. London 1964

Davis, N., Gray, D., Ingham, P., Wallace-Hadrill, A.: A Chaucer Glossary. Oxford 1979

de Weever, J.: Chaucer Name Dictionary. New York 1988

Dillon, B.: A Chaucer Dictionary: Proper Names and Allusions, Excluding Place Names. Boston 1974

French, R. D.: A Chaucer Handbook, New York ²1947

Oizumi, A., Miki, K. (Hg.): A Complete Concordance to the Works of Geoffrey Chaucer. 10 Bde. (in Vorb.)

Ross, T.: Chaucer's Bawdy. New York 1972

Rowland, B. (Hg.): The Companion to Chaucer Studies. 2. erw. Aufl. Toronto, New York, London 1979

Scott, A. F.: Who is Who in Chaucer. London 1974

Tatlock, J. S. P., Kennedy, A. G.: A Concordance to the Complete Works of Chaucer and to the Romaunt of the Rose. Washington 1927 und 1963

2. Werkausgaben

Thynne, W. (Hg.): Geoffrey Chaucer: The Works. London 1532. Faksimile-Ausgabe mit Ergänzungen der Ausgaben von 1542, 1561, 1598, 1602 mit einer Einleitung von D. S. Brewer. Menston 1969. Nachdruck 1974, 1976

Skeat, W. W.: The Complete Works of Geoffrey Chaucer. 7 Bde., Oxford 1894–97

Pollard, A. W., Liddel, M. H., Heath, H. F., McCormick, W. S. (Hg.): The Globe Chaucer. 1898 (Nachdruck 1953)

Robinson, F. N. (Hg.): The Works of Geoffrey Chaucer. Boston ²1957

The Variorum Edition of the Works of Geoffrey Chaucer. Hg. von P. G. Ruggiers und D. C. Baker. Norman/Oklahoma 1979 ff.;
  Bd. I: The Canterbury Tales: A Facsimile and Transcription of the Hengwrt Manuscript. Hg. von P. G. Ruggiers. Norman 1979;
  Bd. II: The Canterbury Tales (in 25 Teilen).
  Bisher sind erschienen:
  II. 3 The Miller's Tale. Hg. von T. W. Ross. Norman 1983
  II, 10 The Manciple's Tale. Hg. von D. C. Baker. Norman 1984
  II, 9 The Nun's Priest's Tale. Hg. von D. Pearsall. Norman, London 1984
  II, 17 The Physician's Tale. Hg. von H. S. Corsa. Norman, London 1987
  II, 20 The Prioress's Tale. Hg. von B. Boyd. Norman, London 1987
  II, 12 The Squire's Tale. Hg. von D. C. Baker. Norman, London 1990

Benson, L. D. (Hg.): The Riverside Chaucer. Boston 1987

Fisher, J. H. (Hg.): The Complete Poetry and Prose of Geoffrey Chaucer. New York ²1989

Teilausgaben

Tyrwhitt, Th. (Hg.): The Canterbury Tales of Chaucer. 5 Bde., London 1775–78

Manly, J. M. (Hg.): Chaucer's Canterbury Tales. New York 1928

Manly, J. M., Rickert, E. (Hg.): The Text of Canterbury Tales, Studied on the Basis of all Known Manuscripts. 8 Bde., Chicago 1940

Pratt, R. A. (Hg.): The Tales of Canterbury. Boston 1974

Cawley, A. C. (Hg.): Geoffrey Chaucer. Canterbury Tales. London 1975

Blake, N. F.: The «Canterbury Tales» by Geoffrey Chaucer: edited from the Hengwrt Manuscript. London 1980

Hanna III, R. (Hg.): The Ellesmere Manuscript of Chaucer's Canterbury Tales. A Working Facsimile. Cambridge 1989

Kolve, V. A., Olson, G. (Hg.): The Canterbury Tales. Nine Tales and the General Prologue. Authoritative Text, Sources and Backgrounds, Criticism. New York, London 1989

Koch, J. (Hg.): Geoffrey Chaucer. Kleinere Dichtungen. Heidelberg 1928 (Nachdruck 1947)

Pace-David, G. B., David, A. (Hg.): Geoffrey Chaucer. The Minor Poems. Part One. Norman 1982 (= The Variorum Chaucer, Bd. 5)

Baugh, A. C. (Hg.): Chaucer's Major Poetry. New York, London 1963

Donaldson, E. T. (Hg.): Chaucer's Poetry: An Anthology for the Modern Reader. New York ²1975

Root, R. K. (Hg.): The Book of Troilus and Criseyde. By Geoffrey Chaucer. Princeton 1926

Windeatt, B. A. (Hg.): Geoffrey Chaucer. Troilus and Criseyde. London 1984

Einzelausgaben (Auswahl)

Price, D. J. (Hg.): The Equatorie of the Planetis. 1955

Brewer, D. (Hg.): The Parlement of Foulys. London 1960

Hodgson, P. (Hg.): Chaucer: The Franklin's Tale. London 1960
Spearing, A. C. (Hg.): The Knight's Tale. Cambridge 1966
Havely, N. R. (Hg.): Geoffrey Chaucer: The Friar's, Summoner's and Pardoner's Tales from The Canterbury Tales. London 1975
Moseley, C. W. R. D. (Hg.): Chaucer. The Pardoner's Tale. London 1987

Übersetzungen

Kannegiesser, K. L.: Canterbury Erzählungen. Zwickau 1827 (unvollst.)
Hertzberg, W.: Geoffrey Chaucers Canterbury-Geschichten. Hildburghausen 1866
v. Düring, A.: Geoffrey Chaucer. Werke. 3 Bde., Straßburg 1883–86 (enth. «Das Haus der Fama», «Das Parlament der Vögel», «Die Legende von den guten Weibern», «Die Canterbury Geschichten»)
Koch, J.: Canterbury Erzählungen. Nach W. Hertzbergs Übersetzung neu herausgegeben. Berlin 1925
Esch, A.: Canterbury-Geschichten. Frankfurt a. M. 1961 (Ausw.)
v. Düring, A., Hoevel, L.: Geoffrey Chaucer. Die Canterbury Tales. Köln 1969
Droese, D. (Übers.): Canterbury-Erzählungen. Zürich ³1993
Lehnert, M. (Übers.): Geoffrey Chaucer. Die Canterbury-Erzählungen. Frankfurt a. M. 1987
Coghill, N.: The Canterbury Tales (neuenglisch). Harmondsworth 1962

Zweisprachige Ausgaben

Bergner, H. (Hg.): The Canterbury Tales. Die Canterbury Erzählungen. Mittelenglisch u. deutsch. Übers. u. erl. von H. Bergner, W. Böttcher, G. Hagel, H. Sperber. Stuttgart 1982
Fichte, J. O.: Die Canterbury-Erzählungen, mittelenglisch und deutsch, übers. von F. Kemmler, erläutert von J. O. Fichte. 3 Bde., München 1989
Schirmer-Imhof, R.: Troilus and Criseyde. Mittelenglisch und deutsch (Auswahl). Stuttgart 1974

3. Lebenszeugnisse und Biographien

Brewer, D.: Chaucer in his Time. London 1963
–: Chaucer and His World. New York 1978
Chute, M.: Geoffrey Chaucer of England. New York ²1962
Crow, M. M., Olson, C. C. (Hg.): Chaucer Life Records. From Materials compiled by J. M. Manly and E. Rickert. Oxford 1966
DuBoulay, F. R. H.: The Historical Chaucer. In: Geoffrey Chaucer. Writers and Their Background. Hg. von D. Brewer. London 1974
Gardner, J.: The Life and Times of Chaucer. New York 1977
Halliday, F. E.: Chaucer and his World. London 1968
Howard, D. R.: Chaucer and the Medieval World. London 1987
Hulbert, J. R.: Chaucer's Official Life. Menasha 1912 (Nachdruck 1970)
Olson, C. C.: The Emerging Biography of a Poet. Stockton 1953
Pearsall, D.: The Life of Geoffrey Chaucer. Oxford 1992

4. Zum zeitgeschichtlichen Hintergrund

Bloomfield, M. W.: Essays and Explorations: Studies in Ideas, Language, and Literature, Cambridge/Mass. 1970

Brewer, D.: Geoffrey Chaucer. The Writer and his Background. Woodbridge 1990

Coulton, G. G.: Chaucer and his England. London 1908

DuBoulay, F. R. H.: An Age of Ambition. English Society in the Late Middle Ages. London 1970

Duby, G.: Wirklichkeit und höfischer Traum. Zur Kultur des Mittelalters. Frankfurt a. M. 1990

Esch, A. (Hg.): Chaucer und seine Zeit. Symposium für W. F. Schirmer, hg. von A. Esch. Tübingen 1968

Green, R. F.: Poets and Princepleasers. Literature and the English Court in the Late Middle Ages. Toronto, Buffalo, London 1980

Hussey, M.: Chaucer's World: A Pictorial Companion. London 1967

Jusserand, J. J.: English Wayfaring Life in the Middle Ages. Übers. von L. Toulmin Smith. Williamstown/Mass. ⁴1974

Keen, M.: Das Rittertum. Reinbek 1991

Kelly, H. A.: Love and Marriage in the Age of Chaucer. Ithaca, London 1975

Krieger, K. F.: Geschichte Englands. Von den Anfängen bis zum 15. Jahrhundert. München 1990

Loomis, R. S.: A Mirror of Chaucer's World. Princeton 1965

Loxton, H.: Pilgrimage to Canterbury. Newton Abbott, London 1978

Mathew, G.: The Court of Richard II. London 1968

Mc Kisack, M.: The Fourteenth Century, 1307–1399. Oxford 1959

McFarlane, K. B.: Lancastrian Kings and Lollard Knights. Oxford 1972

Myers, A. R.: London in the Age of Chaucer. Harmondsworth 1972, 1988

Pantin, W. A.: The English Church in the Fourteenth Century. Cambridge 1955

Rickert, E.: Chaucer's World. Zusammengestellt von E. Rickert, hg. von C. C. Olson und M. M. Crow. Columbia 1948

Scattergood, V. J., Sherborne, J. W. (Hg.): English Court Culture in the Later Middle Ages. London 1983

Seibt, F.: Glanz und Elend des Mittelalters. München 1991

Thrupp, S. L.: The Merchant Class of Medieval London. Chicago 1948

Zacher, C. K.: Curiosity and Pilgrimage: The Literature of Discovery in Fourteenth Century England. Baltimore 1976

5. Quellen, Stoffparallelen und Einflüsse

Benson, L. D., Anderson, T. M. (Hg.): The Literary Context of Chaucer's Fabliaux: Texts and Translations. 1971

Bryan, W. F., Dempster, G. (Hg.): Sources and Analogues of Chaucer's Canterbury Tales. New York 1958

Gordon, R. K. (Hg.): The Story of Troilus. Toronto 1977

Havely, N. R. (Hg. u. Übers.): Chaucer's Boccaccio. Sources of ‹Troilus› and the ‹Knight's› and ‹Franklin's Tales›. Cambridge 1992

Lewis, R. E. (Hg.): The Chaucer Library. Athens 1978 ff.

Miller, R. P. (Hg.): Chaucer. Sources and Backgrounds. New York, Oxford 1977

Morris, L. C. K.: Chaucer Source and Analogue Criticism: A Cross-Referenced Guide. New York, London 1985

Nykrog, P.: Les Fabliaux. Genf 1973

Windeatt, B. (Hg.): Chaucer's Dream Poetry: Sources and Analogues. Cambridge 1982

–, (Hg.): Chaucer's Dream Poetry: Sources and Analogues. Cambridge 1982

6. Zu Chaucers Sprache und Verskunst

Baum, P. F.: Chaucer's Verse. Durham/North Carolina 1961

Burnley, J. D.: A Guide to Chaucer's Language. Norman/Oklahoma 1984

–: Chaucer's Language and the Philosopher's Tradition. Cambridge 1979

Eliason, N. E.: The Language of Chaucer's Poetry. Anglistica 17. Kopenhagen 1972

Fisiak, J.: Morphemic Structure of Chaucer's English. University of Alabama Press 1965

Fries, U.: Einführung in die Sprache Chaucers: Phonologie, Metrik und Morphologie. Tübingen 1985

Kerkhof, J.: Studies in the Language of Geoffrey Chaucer. Leiden 1966

Kökeritz, H.: A Guide to Chaucer's Pronunciation. New York 1962

Masui, M.: Studies in Chaucer's Language of Feeling. Tokyo 1988

Mersand, J.: Chaucer's Romance Vocabulary. New York ²1968

Robinson, I.: Chaucer's Prosody: A Study of the Middle English Verse Tradition. Cambridge 1971

Roscow, G.: Syntax and Style in Chaucer's Poetry. Cambridge 1981

Samuels, M. L., Smith, J. J. (Hg. von J. J. Smith): The English of Chaucer and his Contemporaries. Aberdeen 1988

Sandved, A. O.: Introduction to Chaucerian English. Cambridge 1985

ten Brink, B.: Chaucers Sprache und Verskunst. Leipzig ³1920

7. Literatur über das dichterische Werk Chaucers

a) Gesamtdarstellungen

Aers, D.: Chaucer, Langland and the Creative Imagination. London 1980

–: Chaucer. Brighton 1986

Baum, P. F.: Chaucer: A Critical Appreciation. Durham/North Carolina 1958

Benson, C. D.: Chaucer's Drama of Style. Chapel Hill, London 1986

Brewer, D. S.: An Introduction to Chaucer. London 1984

Bronson, B. H.: In Search of Chaucer. Toronto 1960

Burlin, R. B.: Chaucerian Fiction. Princeton 1977

Cawley, A. C. (Hg.): Chaucer's Mind and Art. Edinburgh, London 1969

Coghill, N.: The Poet Chaucer. London ²1967

David, A.: The Strumpet Muse: Art and Morals in Chaucer's Poetry. Bloomington, London 1976

Erzgräber, W.: Langland – Gower – Chaucer. In: Neues Handbuch der Literaturwissenschaft, hg. von K. v. See, Bd. 8. Europäisches Spätmittelalter. Wiesbaden 1978, S. 221–274

Hill, J. M.: Chaucerian Belief. The Politics of Reverence and Delight. New Haven 1991

Howard, D. R.: Chaucer and the Medieval World. London 1987

Hussey, S. S.: Chaucer. An Introduction. London 1981

Jordan, R. M.: Chaucer and the Shape of Creation. Cambridge/Mass. 1967

Kane, G.: Chaucer. Oxford 1984

Kean, P. M.: Chaucer and the Making of English Poetry. 2 Bde., London 1972

Kittredge, G. L.: Chaucer and his Poetry. Cambridge/Mass. 1951

Knight, S.: Rymyng craftily: Meaning in Chaucer's Poetry. Sydney 1973

Lawlor, J.: Chaucer. London 1968

Malone, K.: Chapters on Chaucer. Baltimore 1951

–: Some New Light on Chaucer. London 1926

Mann, J.: Geoffrey Chaucer. Feminist Readings. Brighton 1991

Mehl. D.: Geoffrey Chaucer. Eine Einführung. Berlin 1973

–: Geoffrey Chaucer. An Introduction to his Narrative Poetry. Cambridge 1986

Muscatine, C.: Chaucer and the French Tradition. Berkeley 1957

Norton-Smith, J.: Geoffrey Chaucer. London 1974

Payne, R. O.: The Key of Remembrance: A Study of Chaucer's Poetics. Westport/Conn. 1973

Preston, R.: Chaucer. London 1952

Robertson, D. W., jr.: A Preface to Chaucer. Studies in Medieval Perspectives. Princeton 1952

Robinson, I.: Chaucer and the English Tradition. Cambridge 1972

Spears, J.: Chaucer the Maker. London 1951

Stone, B.: Chaucer. London 1987

b) Aufsatzsammlungen

Anderson, J. J. (Hg.): Chaucer: The Canterbury Tales: A Casebook. London 1974

Andrew, M. (Hg.): Critical Essays on Chaucer's ‹Canterbury Tales›. Milton Keynes 1991

Barney, S. A. (Hg.): Chaucer's Troilus: Essays in Criticism. Hamden/Conn. 1980

Benson, C. D. (Hg.): Critical Essays on Chaucer's Troilus and Criseyde and his Major Early Poems. Toronto, Buffalo 1991

Bloom, H. (Hg.): Geoffrey Chaucer's The General Prologue to the Canterbury Tales. Modern Critical Interpretations. New York 1988

Brewer, D. S. (Hg.): Chaucer and Chaucerians: Critical Studies in Middle English Literature. London 1966

Burrow, J. A. (Hg.): Geoffrey Chaucer: A Critical Anthology. Harmondsworth 1969

Carruthers, M. J., Kirk, E. D. (Hg.): Acts of Interpretation: The Text in its Contexts, 700–1600. Festschrift für E. T. Donaldson. Norman/Oklahoma 1982

Economou, G. D. (Hg.): Geoffrey Chaucer: A Collection of Original Articles. New York 1975

Erzgräber, W. (Hg.): Geoffrey Chaucer. Wege der Forschung 253, Darmstadt 1983

Rowland, B. (Hg.): Chaucer and Middle English Studies in Honor of R. H. Robbins. London 1974

Salu, M. (Hg.): Essays on Troilus and Criseyde. Cambridge 1979

Schoeck, R. J., Taylor, J. (Hg.): Chaucer Criticism. Bd. 1: The Canterbury Tales.

Notre Dame 1960; Bd. 2: ‹Troilus and Criseyde› and the Minor Poems. Notre Dame 1961

Vasta E., Thundy, Z. P. (Hg.): Chaucerian Problems and Perspectives: Essays Presented to P. E. Beichner. Notre Dame 1979

Wagenknecht, E. (Hg.): Chaucer: Modern Essays in Criticism. New York 1951

Wasserman, J. N., Blanch, R. J. (Hg.): Chaucer in the Eighties. Syracuse 1986

8. Untersuchungen

a) Zu diversen Einzelaspekten

Aers, D.: Chaucer, Langland and the Creative Imagination. London 1980

Bennett, J. A. W.: Chaucer at Oxford and at Cambridge. Oxford 1974

Benson, R. G.: Medieval Body Language: A Study of the Use of Gesture in Chaucer's Poetry. In: Anglistica 21. Kopenhagen 1980

Birney, E.: Essays on Chaucerian Irony. Hg. von B. Rowland. Toronto, Buffalo, London 1985

Blake, N. F.: The Textual Tradition of the ‹Canterbury Tales›. London, Baltimore 1985

Bloomfield, M. W.: Chaucer's Sense of History. In: Journal of English and Germanic Philology 51 (1952), S. 301–313

–: Authenticating Realism and the Realism of Chaucer. In: Thought 39 (1964), S. 335–358

Boitani, P.: Chaucer and Boccaccio. In: Medium Ævum Monographs, 8. Oxford 1977

Curry, W. C.: Chaucer and the Medieval Sciences. London ²1960

Delany, S.: Medieval Literary Politics. Shapes of Ideology. Manchester, New York 1990

Dinshaw, C.: Chaucer and the Text: Two Views of the Author. New York, London 1988

–: Chaucer's Sexual Poetics. Madison/Wisc., London 1989

Donaldson, E. T.: Speaking of Chaucer. London 1970

–: Chaucer the Pilgrim. In: Publications of the Modern Language Association 79 (1954), S. 928 ff.

Elbow, P.: Oppositions in Chaucer. Middletown/Conn. 1975

Erzgräber, W.: European Literature in the Late Middle Ages in its Political and Social Contexts. In: H. Maes-Jelinek u. a. (Hg.): Multiple Worlds, Multiple Words: Essays in Honour of I. Simon. Liège 1987, S. 103–121

–, Volk, S. (Hg.): Mündlichkeit und Schriftlichkeit im englischen Mittelalter. Tübingen 1988

Everett, D. (Hg. von P. Kean): Essays on Middle English Literature. 1955

Fichte, J. O.: Hearing and Reading in the Canterbury Tales, in: Erzgräber, W., Volk, S. (Hg.): Mündlichkeit und Schriftlichkeit im englischen Mittelalter. Tübingen 1988, S. 121–131

Fyler, J. M.: Chaucer and Ovid. New Haven 1979

Göller, K. H.: War and Peace in the Works of Chaucer and his Contemporaries. Veröffentlichungen der Universität Innsbruck, 137 (1982), S. 213–222

Haeckel, W.: Das Sprichwort bei Chaucer. Erlangen 1890. Nachdr. Amsterdam 1970

143

Hermann, J.P., Burke, J.J. (Hg.): Signs and Symbols in Chaucer's Poetry. University of Alabama Press 1981

Hill, J.M.: Chaucerian Delight. The Poetics of Romance and Delight. New Haven 1991

Hoffmann, R.L.: Ovid and the «Canterbury Tales». Philadelphia 1966

Hornsby, J.A.: Chaucer and the Law. Norman/Oklahoma 1988

Huppé, B.F., Robertson, D.W.: Fruyt and Chaf: Studies in Chaucer's Allegories. Princeton 1962

Jeffrey, D.L.: Chaucer and Scriptural Tradition. 1984

Kane, G.: Chaucer and Langland: Historical and Textual Approaches. Berkeley, Los Angeles, London 1989

Kiser, L.J.: Truth and Textuality in Chaucer's Poetry. Hanover 1991

Knapp, P.: Chaucer and the Social Context. New York, London 1990

Kohl, S.: Wissenschaft und Dichtung bei Chaucer: Dargestellt hauptsächlich am Beispiel der Medizin. Frankfurt a.M. 1973

Manzalaoui, M.: Chaucer and Science. In: Geoffrey Chaucer. Writers and their Background. Hg. von D. Brewer. London 1974

McCall, J.P.: Chaucer Among the Gods. University Park, London 1979

Mehl, D.: Chaucer's Audience. In: Leeds Studies in English 10 (1978), S.58–73

Minnis, A.: Chaucer and Pagan Antiquity. Woodbridge 1982

Naunin, T.: Der Einfluß der mittelalterlichen Rhetorik auf Chaucers Dichtung. Großenhain 1930

North, J.D.: Chaucer's Universe. Oxford 1988

Owen, Ch.A.: The Problem of Free Will in Chaucer's Narratives. In: Philological Quarterly 46 (1967), S.433–456

Ruggiers, P.G.: Notes Towards a Theory of Tragedy in Chaucer. In: Chaucer Review 8 (1978), S.89–99

– (Hg.): Editing Chaucer: The Great Tradition. Norman/Oklahoma 1984

Salter, E.: Chaucer and the Medieval English Tradition. In: Fourteenth-Century Poetry: Contexts and Readings. Oxford 1983, S.117–140

Schaar, C.: The Golden Mirror. Studies in Chaucer's Descriptive Technique and its Literary Background. Lund 1955

Schäfer, U.: Höfisch-ritterliche Dichtung und Sozialhistorische Realität. Bern 1977

Schlauch, M.: Chaucer's Prose Rhythms. In: Publications of the Modern Language Association 65 (1950), S.568–589

Schless, H.: Chaucer and Dante: A Revaluation. Norman/Oklahoma 1984

Strohm, P.: Chaucer's Audience. In: Literature and History 5 (1977), S.26–41

–: Social Chaucer. Cambridge Mass., London 1989

Szittya, P.R.: The Antifraternal Tradition in Medieval Literature. Princeton 1986

Uhlig, C.: Chaucer und die Armut. Zum Prinzip der kontextuellen Wahrheit in den Canterbury Tales. Mainz 1973

Wenzel, S.: Chaucer and the Language of Contemporary Preaching. In: Studies in Philology 73 (1976), S.138–161

Wood, C.: Chaucer and the Country of the Stars. Poetic Uses of Astrological Imagery. Princeton 1970

b) Zu Chaucers Lyrik und frühen Dichtungen

Bennett, H. S.: Chaucer and the Fifteenth Century. Oxford 1947

Bennett, J. A. W.: The Parlement of Foules: An Interpretation. Oxford ²1965

–: Chaucer's Book of Fame: An Exposition of the ‹House of Fame›. Oxford 1968

Benson, L. D.: The Occasion of the Parliament of Fowls. In: The Wisdom of Poetry: Essays in Early English Literature in Honor of M. W. Bloomfield. Hg. von L. D. Benson und S. Wenzel. Kalamazoo/Michigan 1982, S. 123–144

Boitani, P.: Chaucer and the Imaginary World of Fame. Cambridge 1984

Braddy, H.: Chaucer's «Parlement of Foules» in Relation to Contemporary Events. New York 1969

Bronson, B. H.: In Search of Chaucer. Toronto 1960

Clemen, W.: Chaucers frühe Dichtung. Göttingen 1963

Cowgill, B. K.: The Parlement of Foules and the Body Politic. In: Journal of English and Germanic Philology 74 (1975), S. 315–335

Davenport, W. A.: Chaucer: Complaint and Narrative. Cambridge 1988

Delany, S.: Chaucer's House of Fame: The Poetics of Skeptical Fideism. Chicago 1972

Edwards, R. R.: The Dream of Chaucer: Representation and Reflection in the Early Narratives. Durham/North Carolina, London 1989

Erzgräber, W.: ‹Auctorite› and ‹Experience› in Chaucer. In: Intellectuals and Writers in Fourteenth Century Europe. Hg. von P. Boitani, A. Torti. Tübingen 1986

–: Problems of Oral and Written Transmission as Reflected in Chaucer's House of Fame. In: Historical and Editorial Studies in Medieval and Early Modern English for Johan Gerritsen. Hg. von M.-J. Arn, H. Wirtjes. Groningen 1985

Everett, D.: Essays on Middle English Literature. London 1955

Fichte, J. O.: Chaucer's ‹Art Poetical›. A Study in Chaucerian Poetics. Tübingen 1980

Gardner, J.: The Poetry of Chaucer. Carbondale 1977

Hieatt, C. B.: The Realism of the Dream Visions. Den Haag 1967

Leyerle, J.: Chaucer's Windy Eagle. In: University of Toronto Quarterly 40 (1971), S. 247–265

North, J. D.: Kalenderes Enlumined Ben They: Some Astronomical Themes in Chaucer. In: Review of English Studies, 20 (1969), S. 129–154, S. 257–283, S. 418–444

Norton-Smith, J.: Chaucer's Anelida and Arcite. In: Medieval Studies for J. A. W. Bennett Aetatis Suae LXX. Hg. von P. L. Heyworth. Oxford 1981, S. 81–99

Olson, P. A.: The Parlement of Foules: Aristotle's Politics and the Foundations of Human Society. In: Studies in the Age of Chaucer 2 (1980), S. 53–69

Schmidt, A. V. C.: Chaucer and the Golden Age. In: Essays in Criticism 26 (1976), S. 99–115

Spearing, A. C.: Medieval Dream Poetry. Cambridge 1976

Traversi, D.: Chaucer: The Earlier Poetry. A Study in Poetic Development. Newark, London, Toronto 1987

Wimsatt, J. I.: Chaucer and his French Contemporaries. Toronto 1991

Winny, J.: Chaucer's Dream Poems. London 1973

c) Zu «Troilus und Criseyde»

Roberts, R. P.: The Boethian God and the Audience of the Troilus. In: Journal of English and Germanic Philology 69 (1970), S. 425–436

Benson, C. D.: Chaucer's ‹Troilus and Criseyde›. London 1990

Benson, L. D.: Courtly Love in the Later Middle Ages. In: Fifteenth-Century Studies. Hg. von R. F. Yeager. Hamden/Conn. 1984, S. 237–257

Bishop, I.: Chaucer's Troilus and Criseyde: A Critical Study. Bristol 1981

Bloomfield, M. W.: Distance and Predestination in Troilus and Criseyde. In: Publications of the Modern Language Association 72 (1957), S. 14–26

Boitani, P.: The European Tragedy of Troilus. Oxford 1989

Diamond, A., Edwards, L. R. (Hg.): The Authority of Experience: Essays in Feminist Criticism. Amherst 1977

Donaldson, E. T.: Briseis, Briseida, Criseyde, Cresseid, Cressid: Progress of a Heroine. In: Chaucerian Problems and Perspectives. Festschrift P. E. Beichner. Notre Dame 1979

Dronke, P.: The Conclusion of «Troilus and Criseyde». In: Medium Aevum 33 (1964), S. 47–52

Erzgräber, W.: Tragik und Komik in Chaucers «Troilus and Criseyde». In: Festschrift für W. Hübner. Hg. von D. Riesner, H. Gneuss. Berlin 1964, S. 139–163

–: Zu Chaucers Troilus and Criseyde Buch IV. In: Philologica Romanica. Festschrift für E. Lommatzsch. Hg. von M. Bambeck, H. H. Christmann. München 1975, S. 97–117

Göller, K. H.: Chaucer. Troilus and Criseyde. In: Der englische Roman. Vom Mittelalter zur Moderne. Hg. von F. K. Stanzel. Düsseldorf 1969, S. 23–53

Gordon, I. L.: The Double Sorrow of Troilus: A Study of Ambiguities in Troilus and Criseyde. Oxford 1970

Haas, R.: Chaucers Tragödienkonzept im europäischen Rahmen. In: Zusammenhänge, Einflüsse. Wirkungen. Kongreßakten zum ersten Symposium des Mediaevistenverbandes in Tübingen. Hg. von J. O. Fichte, K. H. Göller und B. Schimmelpfennig. Berlin, New York 1986, S. 451–465

Käsmann, H.: «I wolde excuse hire yit for routhe»: Chaucers Einstellung zu Criseyde. In: Chaucer und seine Zeit. Festschrift für W. F. Schirmer. Tübingen 1968

Kaminsky, A. R.: Chaucer's ‹Troilus and Criseyde› and the Critics. Athens/Ohio 1980

Kleinstück, J. W.: Chaucers «Troilus» und die höfische Liebe. In: Archiv für das Studium der neueren Sprachen und Literaturen 193 (1956), S. 1–14

Lewis, C. S.: What Chaucer Really Did to «Il Filostrato». In: Essays and Studies 17 (1932), S. 56–75

Medcalf, S. (Hg.): The Later Middle Ages. New York 1981

Meech, S. B.: Design in Chaucer's Troilus. Syracuse 1959

Mehl, D.: Chaucerian Comedy and Shakespearean Tragedy. In: Shakespeare Jahrbuch West 1984, S. 111–127

–: The Audience of Chaucer's «Troilus and Criseyde». In: Chaucer and Middle English Studies. Festschrift für R. H. Robbins. London 1974

Müller-Oberhäuser, G.: Dialogsteuerung und Handlungsmotivierung in Chaucers Troilus and Criseyde. Frankfurt a. M., Bern, New York 1986

Patch, H. R.: The Tradition of Boethius: A Study of His Importance in Medieval Culture. New York 1935, Nachdruck 1970

Provost, W.: The Structure of Chaucer's Troilus and Criseyde. In: Anglistica 20. Kopenhagen 1974

Rowe, D. W.: O Love! O Charite! Contraries Harmonized in Chaucer's Troilus. Carbondale, London 1976

Salter, E.: Troilus and Criseyde. A Reconsideration. In: J. Lawlor (Hg.): Patterns of Love and Courtesy. Festschrift für C. S. Lewis. London 1966

Spearing, A. C.: Chaucer: Troilus and Criseyde. London 1976

Steadman, J. M.: Disembodied Laughter. Troilus and the Apotheosis Tradition. Berkeley, Los Angeles 1972

Wentersdorf, K. P.: Some Observations on the Concept of Clandestine Marriage in «Troilus and Criseyde». In: Chaucer Review 15 (1980), S. 101–126

Wetherbee, W.: Chaucer and the Poets: An Essay on Troilus and Criseyde. Ithaca 1984

Windeatt, B.: ‹Love that Oughte Ben Secree› in Chaucer's Troilus. In: Chaucer Review 14 (1979) S. 116–131

–: Troilus and Criseyde. Oxford Guides to Chaucer. 1992

Wood, C.: The Elements of Chaucer's Troilus. Durham/North Carolina 1984

d) Zur «Legende der Guten Frauen»

Delany, S.: Rewriting Women Good: Gender and the Anxiety of Influence in Two Late-Medieval Texts. In: Wasserman, J. N., Blanch, R. J. (Hg.): Chaucer in the Eighties. Syracuse 1986, S. 75–92

–: Medieval Literary Politics. Shapes of Ideology. Manchester, New York 1990

–: The Naked Text. Chaucer's Legend of Good Women. Berkeley 1993

Frank, R. W.: Chaucer and the Legend of Good Women. Cambridge/Mass. 1972

Kiser, L. J.: Telling Classical Tales. Chaucer and the «Legend of Good Women». Ithaca, London 1983

Kolve, V. A.: From Cleopatra to Alceste. An Iconographic Study of The Legend of Good Women. In: Hermann, J. P., Burke, J. P. (Hg.): Signs and Symbols in Chaucer's Poetry. University of Alabama Press 1981, S. 130–178

Martin, P.: Chaucer's Women. Nun's, Wives and Amazons. London 1990

Payne, R. O.: Making his Own Myth: The Prologue to Chaucer's Legend of Good Women. In: Chaucer Review 9 (1975), S. 197–211

Rowe, D. W.: Through Nature to Eternity: Chaucer's Legend of Good Women. Lincoln, London 1988

e) Zu den «Canterbury Tales»

Allen, J. B., Moritz, T. A.: A Distinction of Stories. Columbus 1981

Baldwin, R.: The Unity of the ‹Canterbury Tales›. In: Anglistica 5. Kopenhagen 1955

Baum, P. F.: Chaucer: A Critical Appreciation. Durham/North Carolina 1958

Benson, L. D.: The Order of the Canterbury Tales. In: Studies in the Age of Chaucer 3 (1981), S. 77–120

Bowden, M.: A Commentary on the General Prologue to the Canterbury Tales. New York ²1967

Brooks, H. F.: Chaucer's Pilgrims: The Artistic Order of the Portraits in the Prologue. London 1962

Burlin, R. B.: Chaucerian Fiction. Princeton 1977

Coghill, N.: The Poet Chaucer. London ²1967

Cooper, H.: The Structure of the Canterbury Tales. Athens/Georgia 1983

–: The Canterbury Tales. Oxford Guides to Chaucer. Oxford 1989

Corsa, H. S.: Chaucer: Poet of Mirth and Morality. Notre Dame 1964

Craik, T. W.: The Comic Tales of Chaucer. London 1964

Cunningham, J. V.: The Literary Form of the Prologue to the Canterbury Tales. In: Modern Philology 49 (1952), S. 172–181

David, A.: The Man of Law vs. Chaucer: A Case of Poetics. In: Publications of the Modern Language Association 82 (1967), S. 217–225

Dinshaw, C.: Chaucer's Sexual Poetics. Madison/Wisc., London 1989

Donaldson, E. T.: Chaucer the Pilgrim. In: Publications of the Modern Language Association 79 (1954), S. 928–936

Ellis, R.: Patterns of Religions Narrative in the Canterbury Tales. London, Sydney 1986

Fichte, J. O.: Man's Free Will and the Poet's Choice: The Creation of Artistic Order in the «Knight's Tale». In: Anglia 93 (1975), S. 335–360

–: (Hg.): Chaucer's Frame Tales: The Physical and the Metaphysical. Tübingen 1987

Frese, D. W.: An «Ars Legendi» for Chaucer's «Canterbury Tales». Gainesville 1991

Ganim, J. M.: Chaucerian Theatricality. Princeton 1990

Gaylord, A. T.: The Role of Saturn in the «Knight's Tale». In: Chaucer Review 8 (1974), S. 172–190

–: «Sentence» and «Solaas» in Fragment VII of the Canterbury Tales: Harry Bailly as Horseback Editor. In: Publications of the Modern Language Association 82 (1967), S. 226–235

Göller, K. H.: Chaucer's Squire's Tale: the Knotte of the Tale. In: Chaucer und seine Zeit. Symposium für W. F. Schirmer. Hg. von A. Esch. Tübingen 1968, S. 163–188

Grennen, J. E.: Saint Caecilia's ‹chemical wedding›: The Unity of the Canterbury Tales, Fragment VIII. In: Journal of English and Germanic Philology 65 (1966), S. 466–481

Hertok, E.: Chaucer's Fabliaux as Analogues. Leuven 1991

Howard, D. R.: The Idea of the Canterbury Tales. Berkeley 1976

Huppé, B. F.: A Reading of the Canterbury Tales. Albany 1964

Jones, T.: Chaucer's Knight: The Portrait of a Medieval Mercenary. London 1980

Jordan, R. M.: Chaucer and the Shape of Creation: The Aesthetic Possibilities of Inorganic Structure. Cambridge/Mass. 1967

Josipovici, G.: The World and the Book. London ²1979

Kendrick, L.: Chaucerian Play: Comedy and Control in the Canterbury Tales. Berkeley 1988

Kiernan, K. S.: The Art of the Descending Catalogue. In: Chaucer Review 10 (1975), S. 1–16

Kittredge, G. L.: Chaucer and his Poetry. Cambridge/Mass. 1915

–: Chaucer's Discussion of Marriage. In: Modern Philology 9 (1911), S. 435–467

Knight, S.: Geoffrey Chaucer. Oxford 1985

Koff, L. M.: Chaucer and the Art of Storytelling. Berkeley 1988

Kolve, V. A.: Chaucer's Second Nun's Tale and the Iconography of Saint Caecilia.

In: New Perspectives in Chaucer Criticism. Hg. von D. L. Rose. Norman/Oklahoma 1981, S. 137–174

–: Chaucer and the Imagery of Narrative. Stanford 1984

Lawler, T.: The One and the Many in the Canterbury Tales. Hamden/Conn. 1980

Lawrence, W. W.: Chaucer and the Canterbury Tales. New York 1950

Lawton, D.: Chaucer's Narrators. Cambridge 1985

–: Irony and Sympathy in Troilus and Criseyde: A Reconsideration. In: Leeds Studies in English 14 (1983), S. 94–115

Leicester, H. M.: The Disenchanted Self. Berkeley, Los Angeles, Oxford 1990

Lewis, R. E.: The English Fabliau Tradition and Chaucer's ‹Miller's Tale›. In: Modern Philology 79 (1982), S. 241–255

Leyerle, J.: Thematic Interlace in «The Canterbury Tales». In: Essays and Studies 29 (1976), S. 107–121

Lindahl, C.: Earnest Games, Folkloric Patterns in the Canterbury Tales. Bloomington 1990

Lumiansky, R. M.: Of Sondry Folk: The Dramatic Principle in the Canterbury Tales. Austin 1955

Major, J.: The Personality of Chaucer the Pilgrim. In: Publications of the Modern Language Association of America 75 (1960), S. 160–162

Mann, J.: Chaucer and the Medieval Estates Satire: The Literature of Social Classes and the General Prologue to the Canterbury Tales. London 1973

–: Satisfaction and Payment in Middle English Literature. In: Studies in the Age of Chaucer 5 (1983), S. 17–48

Morgan, G.: The Universality of the Portraits in the «General Prologue» to the Canterbury Tales. In: English Studies 58 (1977), S. 481–493

–: The Design of the «General Prologue» to the Canterbury Tales. In: English Studies 59 (1978), S. 481–498

Nevo, R.: Chaucer: Motive and Mask in the «General Prologue». In: Modern Language Review, 58 (1963), S. 1–9

Olson, P. A.: The Canterbury Tales and the Good Society. Princeton 1986

Owen, C. A.: Pilgrimage and Storytelling in the Canterbury Tales: The Dialectic of «Ernest» and «Game». Norman/Oklahoma 1958

–: The Manuscripts of the Canterbury Tales. Cambridge 1991

Patterson, C.: For the Wyves love of Bathe: Feminist Rhetoric and Poetic Resolution in the «Roman de la Rose» and the «Canterbury Tales». In: Speculum 58 (1983), S. 656–695

Patterson, L. W.: The Parson's Tale and the Quitting of the Canterbury Tales. In: Traditio 34 (1978), S. 331–380

–: Chaucer and the Subject of History. London 1991

Pearsall, D.: The Canterbury Tales. London 1985

Richardson, J.: Blameth Nat Me: A Study of Imagery in Chaucer's Fabliaux. Den Haag 1970

Ridley, F. H.: The Prioress and the Critics. In: English Studies 30. Berkeley, Los Angeles 1965

Riehle, W.: Aspects of Chaucer's Narratorial Self-Representation in The Canterbury Tales. In: H. Foltinek, W. Riehle, W. Zacharasiewicz (Hg.): Tales and «their telling difference». Festschrift für Franz K. Stanzel. Heidelberg 1993, S. 133–147

Robertson, D. W., jr.: A Preface ot Chaucer: Studies in Medieval Perspectives. Princeton 1962

Robinson, I.: Chaucer and the English Tradition. Cambridge 1972

Ruggiers, P. G.: The Art of the Canterbury Tales. Madison 1965

Salter, E.: The Knight's Tale and the Clerk's Tale. London 1962

Specht, H.: Chaucer's Franklin in The Canterbury Tales. Kopenhagen 1981

Speirs, J.: Chaucer the Maker. London ²1960

Standop, E.: Chaucers Pardoner: Das Charakterproblem und die Kritiker. In: Geschichtlichkeit und Neuanfang im sprachlichen Kunstwerk: Studien zur englischen Philologie zu Ehren von Fritz W. Schulze. Hg. von P. Erlebach, W. G. Müller, K. Reuter. Tübingen 1981, S. 56–69

Ussery, H. E.: Chaucer's Physician: Medicine and Literature in Fourteenth Century England. New Orleans 1972

Wentersdorf, K. P.: Theme and Structure in the Merchant's Tale: The Function of the Pluto Episode. In: Publications of the Modern Language Association 80 (1965), S. 522–527

Wetherbee, W.: Chaucer. The Canterbury Tales. Cambridge 1989

Williams, D.: The Canterbury Tales. Boston 1987

Whittock, T.: A Reading of the Canterbury Tales. Cambridge 1968

Woolf, R.: Chaucer as Satirist in the General Prologue to the Canterbury Tales. In: Critical Quarterly 1 (1959), S. 150–157

Wurtele, D.: The Penitence of Geoffrey Chaucer. In: Viator 11 (1980), S. 335–359

9. Wirkungsgeschichte

Alderson, W. L., Henderson, A. C.: Chaucer and Augustan Scholarship. Berkeley, London 1970

Bennett, H. S.: Chaucer and the Fifteenth Century. Oxford 1947

Brewer, D. S. (Hg.): Chaucer, The Critical Heritage, 2 Bde., London, Henley, Boston 1978

Brusendorff, A.: The Chaucer Tradition. Oxford 1925

Donaldson, E. T.: The Swan at the Well: Shakespeare Reading Chaucer. New Haven 1985

Miskimin, A. S.: The Renaissance Chaucer. New Haven, London 1975

Schöwerling, R.: Chaucers Troilus und Criseyde in der englischen Literatur von Henryson bis Dryden. In: Anglia 97 (1979), S. 326–349

Spurgeon, C. F. E.: Five Hundred Years of Chaucer Criticism and Allusion, 1357–1900. 3 Bde., New York ²1925 (Dazu die «checklist of supplements» von W. L. Alderson. In: Philological Quarterly 32 [1953], S. 418–427)

Strohm, P.: Chaucer's Fifteenth-Century Audience and the Narrowing of the ‹Chaucer Tradition›. In: Studies in the Age of Chaucer 4 (1982), S. 3–32

Thompson, A.: Shakespeare's Chaucer. Liverpool 1978

Namenregister

Adam (Chaucers Schreiber) 118
Abaelard, Peter 88
Alanus de Insulis 30
Andrea di Bonaiuto 24
Andreas Capellanus 46, 52
Anna von Böhmen 56, 61, 104, *60*
Ashmole, Elias 107

Bacon, Roger 39
Ball, John 10
Becket, Thomas 67, *121*
Benoît de Sainte-Maure 45
Bernhard von Clairvaux 120
Birgitta von Schweden 88
Blake, William 7
Blanche, Herzogin von Lancaster 16, 20, 22
Boccaccio, Giovanni 24, 26, 30, 46, 47, 49, 54, 65, 74, 79, 80, 83, 90, 92
Boethius 52f., 83, 122f., *53*
Burne-Jones, Edward 7

Champaigne, Caecilia 43, 44
Chaucer, John 13, 43
Chaucer, Katherine 41
Chaucer, Lewis 107
Chaucer, Philippa, s. Pan, Philippa
Christine de Pizan 57, 63f., 87, *58*
Cicero 12, 28
Costanza von Kastilien 16, 42f.

Dante Alighieri 24, 36, 39, 55, 63, 107, *38*
Douglas, Gavin 41

Eco, Umberto 67
Edward III. 8f., 11, 15f., 18, 24, 33, 43, 104, *17*
Eliade, Mircea 39
Eliot, T. S. 69
Epikur 75, 93
Euripides 56

France, Anatole 63
Froissart, Jean 20, 115

Giotto 24
Goethe, Johann Wolfgang von 65
Gower, John 19
Guido de Columnis 45

Heine, Heinrich 55
Heinrich IV. 16, 116f., *116*
Heinrich IV. (dt. Kaiser) 24
Heinrich von Veldeke 35
Heloïse 88
Henry Bolingbroke, s. Heinrich IV.
Hermes Trismegistos 107
Hieronymus 90
Hoccleve, Thomas 58
Hofmannsthal, Hugo von 56
Hugo van der Goes 123

Jean de Meun 19
Johann von Gent (John of Gaunt) 9, 16, 20f., 23, 42, 117, *22*
Juvenal 90

Kleopatra 63, *62*

Lionel, Herzog von Clarence 15, 23, *15*

Lorris, Guillaume de 19
Luther, Martin 94

Machaut, Guillaume de 20, 22, *31*
Mann, Thomas 36, 39f.
Massinissa 28
Matt, Peter von 90
Montague, Sir John 57

Ockham, Wilhelm von 39
Orcagna, Andrea 24
Ovid 20, 35, 37, 45, 56

Pan, Philippa 15f., 41, 65
Paon de Roet, Philippa, s. Pan,
  Philippa
Pasolini, Pier Paolo 7
Paulus 88
Paz, Octavio 54
Perrers, Alice 9, 43
Petrarca, Francesco 24, 28, 37, 42, 92,
  38
Philippa von Hainault, Gattin
  Edwards III. 16, 42, 104, *17*
Platon 80

Ravenstone, William 15

Richard II. 9f., 12, 18, 26f., 56, 61, 65,
  104, 115ff., *18, 57, 60, 116*

Scipio Africanus 28f., 32
Shakespeare, William 7, 55, 63
Swynford, Katherine 16, 42

Theophrast 90
Thomas von Aquin 105, 107
Tuchman, Barbara 7
Tyler, Wat 10, *11*

Ulster, Gräfin von 15f., 41
Urban VI. (Papst) 26

Vergil 12, 32, 34, 45
Visconti, Bernabò 26, 27f., *27*
Visconti, Caterina 23, 27
Visconti, Galeazzo 23, 27f.

Watzlawick, Paul 54
Weil, Simone 83
Wilder, Thornton 56
Wyclif, John 11, 74

Yevele, Henry 115

Über den Autor

Wolfgang Riehle, geboren 1937, Studium der Anglistik, Germanistik und Philosophie in Tübingen, Durham und München. Promotion München 1964 bei Wolfgang Clemen. Wissenschaftlicher Assistent in München bis 1972. Habilitation 1972. Seit 1973 ordentlicher Professor für Englische Philologie in Graz. Veröffentlichungen besonders zum englischen Mittelalter, darunter zur Mystik (The Middle English Mystics. London/Boston 1981) und Chaucer, zu Shakespeare (Shakespeare, Plautus and the Humanist Tradition. Cambridge/Rochester N.Y. 1990), zur Romantik und Moderne (T. S. Eliot. Darmstadt 1977).

Quellennachweis der Abbildungen

National Portrait Gallery, London: 2

Aus: The Works of Geoffrey Chaucer. Hg. von William Morris. Kelmscott Press 1896: 6, 91

Museum of London: 8, 96

Archiv für Kunst und Geschichte, Berlin: 9, 13, 23, 103, 121

By permission of The British Library, London: 10 (MS Royal 1 E IV f. 12v), 11 (MS Royal 18 E 1 f. 175), 14 oben (MS Royal 2 B VII f. 72v), 14 unten (MS Add 18632 f. 101v), 18 (MS Royal 14 E IV f. 10), 22 (MS Cotton Nero D VII f. 7), 29 (MS Harley 4425 f. 12v), 34, 35 (MS Royal 14 E V f. 77v), 40 (G11584 [2] f. Air 714086), 48 (MS Add 15477 f. 35v), 52 (MS Add 47682 f. 1v), 53 (MS Harley 4335 f. 1), 58 (MS Harley 4431 f. 4), 59 (MS Add 5141 f. 1), 66 (MS Harley 1319 f. 57), 67 (MS Royal 10 E IV f. 114v), 70 (G11587 aiii V 8171332), 71 (MS Royal 18 D II f. 148), 89 (MS Add 42130 f. 60), 98 (MS Yates Thompson 13 f. 177), 106 oben (MS Royal 6 E VI f. 396v), 114 oben (MS Add 47682 f. 27), 114 unten (MS Cotton Nero D IX f. 32v), 116 (MS Harley 4380 f. 184v), 119 (MS Add 39943 f. 2)

Aus: F. E. Halliday: Chaucer and his World. New York 1968: 15 (Royal Commission on Historical Monuments), 20/21 (Archives Photographiques), 81, 123 (Public Record Office, London)

Bibliothèque Nationale, Paris: 17 (Fr. 2675 f. 27), 31 (Fr. 5594 f. 263v), 62 (Fr. 598 f. 128v)

Scala, Florenz: 25 oben

Photo Alinari, Florenz: 25 unten, 26, 27, 42

Courtesy of The Fogg Art Museum, Harvard University Art Museums, Gift of Friends of the Fogg Art Museum: 38

Photo R. M. N., Paris: 49

The Master and Fellows of Corpus Christi College, Cambridge: 50

The Hulton Deutsch Collection, London: 57, 100

By Courtesy of the Dean and Chapter of Westminster, London: 60, 122

Copyright British Museum, London: 72/73

By permission of The Huntington Library, San Marino/Cal.: 75 (EL 26 C 9 folios 102v und 133r), 76 (f. 10r und 72r), 77 (f. 34v), 78 (f. 138r), 79 (f. 153v), 109 (f. 169r)

Schlußbemerkung

Der Verfasser dankt dem Österreichischen Bundesministerium für Wissenschaft und Forschung für die Gewährung eines Freisemesters und der Steiermärkischen Landesregierung sowie der Österreichischen Forschungsgemeinschaft für die Unterstützung von Studien an englischen und amerikanischen Bibliotheken. Das Manuskript wurde Ende 1992 abgeschlossen, später erscheinende Werke zu Chaucer konnten nicht berücksichtigt werden.

rowohlts monographien
Begründet von Kurt Kusenberg, herausgegeben von Wolfgang Müller.

Eine Auswahl:

Alfred Andersch
dargestellt von Bernhard Jendricke
(395)

Lou Andreas-Salomé
dargestellt von Linde Salber
(463)

Simone de Beauvoir
dargestellt von Christiane Zehl Romero
(260)

Wolfgang Borchert
dargestellt von Peter Rühmkorf
(058)

Lord Byron
dargestellt von Hartmut Müller
(297)

Raymond Chandler
dargestellt von Thomas Degering
(377)

Charles Dickens
dargestellt von Johann N. Schmidt
(262)

Lion Feuchtwanger
dargestellt von Reinhold Jaretzky
(334)

Theodor Fontane
dargestellt von Helmuth Nürnberger
(145)

Maxim Gorki
dargestellt von Nina Gourfinkel
(009)

Brüder Grimm
dargestellt von Hermann Gerstner
(201)

Friedrich Hölderlin
dargestellt von Ulrich Häussermann
(053)

Homer
dargestellt von Herbert Bannert
(272)

Henrik Ibsen
dargestellt von Gerd E. Rieger
(295)

James Joyce
dargestellt von Jean Paris
(040)

Ein Gesamtverzeichnis der Reihe *rowohlts monographien* finden Sie in der *Rowohlt Revue*. Jedes Vierteljahr neu. Kostenlos. In Ihrer Buchhandlung.

Literatur

rowohlts monographien

rowohlts monographien
Begründet von Kurt Kusenberg, herausgegeben von Wolfgang Müller.

Eine Auswahl:

Thomas Bernhard
dargestellt von Hans Höller
(504)

Agatha Christie
dargestellt von Herbert Kraft
(493)

Annette von Droste-Hülshoff
dargestellt von Herbert Kraft
(517)

Franz Kafka
dargestellt von Klaus Wagenbach
(091)

Heinar Kipphardt
dargestellt von Adolf Stock
(364)

Gotthold Ephraim Lessing
dargestellt von Wolfgang Drews
(075)

Jack London
dargestellt von Thomas Ayck
(244)

Molière
dargestellt von Friedrich Hartau
(245)

Marcel Proust
dargestellt von Claude Mauriac
(015)

Friedrich Schlegel
dargestellt von Ernst Behler
(123)

Anna Seghers
dargestellt von Christiane Zehl Romero
(464)

Theodor Storm
dargestellt von Hartmut Vinçon
(186)

Jules Verne
dargestellt von Volker Dehs
(358)

Oscar Wilde
dargestellt von Peter Funke
(148)

Stefan Zweig
dargestellt von Hartmut Müller
(413)

Ein Gesamtverzeichnis der Reihe *rowohlts monographien* finden Sie in der *Rowohlt Revue*. Jedes Vierteljahr neu. Kostenlos in Ihrer Buchhandlung.

rowohlts monographien
Begründet von Kurt Kusenberg, herausgegeben von Wolfgang Müller.

Eine Auswahl:

Ernst Barlach
dargestellt von Catherine Krahmer
(335)

Hieronymus Bosch
dargestellt von Heinrich Goertz
(237)

Paul Cézanne
dargestellt von Kurt Leonhard
(114)

Max Ernst
dargestellt von Lothar Fischer
(151)

Vincent van Gogh
dargestellt von Herbert Frank
(239)

Francisco de Goya
dargestellt von Jutta Held
(284)

Wassily Kandinsky
dargestellt von Peter A. Riedl
(313)

Käthe Kollwitz
dargestellt von Catherine Krahmer
(294)

Le Corbusier
dargestellt von Norbert Huse
(248)

Leonardo da Vinci
dargestellt von Kenneth Clark
(153)

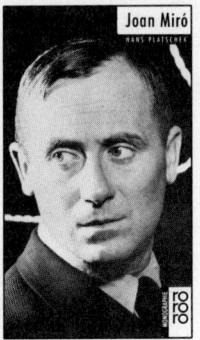

Michelangelo
dargestellt von Heinrich Koch
(124)

Joan Miró
dargestellt von Hans Platschek
(409)

Pablo Picasso
dargestellt von Wilfried Wiegand
(205)

Rembrandt
dargestellt von Christian Tümpel
(251)

Henri de Toulouse-Lautrec
dargestellt von Matthias Arnold
(306)

Andy Warhol
dargestellt von Stefana Sabin
(485)

Ein Gesamtverzeichnis der Reihe *rowohlts monographien* finden Sie in der *Rowohlt Revue*. Jedes Vierteljahr neu. Kostenlos. In Ihrer Buchhandlung.